蘇絢慧

給自己一個安心的內在空間 2023.12月

擺脫
情緒消耗

不再被負能量控制
找回身心安在力量

蘇絢慧 ———— 著

自序

身心和人際的崩潰，大多來自情緒消耗

生活在現代，常讓人感到崩潰，每日或多或少都要經歷情緒觸發的過程，像內心被扣了扳機，轟一聲，在胸口炸開一個洞般感到慘烈、苦痛、疼痛。從小到大，我們累積了太多未解決的創傷和失落，讓我們深陷後天習得的無助和無能為力感中，受到早年創傷後壓力症候群的衝擊和牽扯，時常在生活環境中、人際情境中、網路新聞中被觸發，突然莫名愣住、腦袋空白、胸口疼痛感到不知所措、無助、絕望、難受、焦慮、想逃等。

過往在生活中，為了因應高壓和不安全環境，不得不採取的無效認知和行為（例如隱忍、壓抑、攻擊、解離），那雖然確實讓我們生存下來，卻也讓我們時常反覆陷進相似情境裡，而難以平靜安穩。

過度激烈的情緒，或久久未能平復的情緒風暴，可能來自未解決的內心情感創傷，還有曾經負面、痛苦的經歷。那些過往的經驗和感知成為一種自動化的反應，包括不成熟的防禦系統啟動、立刻產生的應對方式，都讓我們一次次的歷經大腦風暴及內憂外患，一次次的消耗身心能量及健康。

要能給自己一個安心的內在空間，情緒界限和情緒空間是重要關鍵。時常被觸發情緒的人，等於時時刻刻活在外在環境引發的內在焦慮和高壓中，感到不安和恐懼，任由被激發的強烈情緒成為主導，不斷支配和綁架我們的心智，無法透過「成熟明智的自我意識」來主導情緒與反應，因此，彷彿時常受情緒侵襲和損害，不斷承受威脅和傷害。

爲內心築一座安全堡壘

界限，就像是一間房子的門窗和磚牆，你的門窗和牆壁能否擋住外面的風雨？

會不會一個街上的細微聲響，就可以輕易的穿透屋牆驚擾到原本平靜作息的你？當然，如果你容易被觸發、被影響，這不是你的錯，因為你個體的界限，內在空間的城牆始終遭遇破壞，或不曾被建造，卻要求你必須隨時受外界支配和強迫回應，以致你沒有足夠的時間和協助，幫助自己在成長過程中建好內在的安全堡壘，做自己安全堡壘的主人。

如果你開始意識到要練習成為自己生命的主人，當你再度受觸發時，你試著先不要慌亂，端詳一下情況並自問：

「現在發生了什麼事？」

「我怎麼了？」

「我以為是什麼情況再度發生了？」

「再看清楚目前狀況，我是否能發現什麼是不再一樣的？」

區分、辨識現實情況和自動化跑出的創傷後反應是不同的，各有原因、過程和所面對的對象。讓自己稍微沉澱，尋找一個讓自己感到安全的空間，調節自己的情緒，只要不緊抓情緒不放，最激烈的情緒觸發時間是九十秒，這段時間讓自己暫時停下來，試著練習不要自動化反應、正念呼吸、不做過度絕對的判斷，待身心頻率較為緩和後，再啟動能照顧好自己的新應對方法，並慢慢學習能安撫內心不安的正確方式。

情緒不停觸發是身心精疲力竭的來源，情緒觸發就如體內的地雷，在反覆觸發下將使身心元氣大傷。因此「減敏自動化反應」是必要的練習，修復內在自我的安全中心，才能務實、客觀、準確的決策出需要的應對，如此才能真的具有信心和能力來處理、執行及彈性應變。

本書的出版，希望有機會為人們內心未能建立妥善的心智系統、情緒和資訊處理歷程，貢獻一些學理知能，以及實際可行的自我情感滋養方法。由於我從事助人工作超過二十五年，早期是醫療社工師及諮商心理師，到後期近十年是社區型諮商心理師，長期面對人們生活的困難、波折和情緒衝擊，這些工作皆需要頻繁和「情緒」交手、接觸，也要時常動用內部情緒勞動來協助我承接他人的情緒。

除了每日身心會消耗大量的情緒能量，也不斷受社會環境瀰漫的情緒紛擾、糾結所消耗，因此有感於「情緒消耗」這個主題實在是助人者的日常，相信也是各種領域照顧者、服務者、工作者的日常。

正視情緒消耗，而不是一味壓抑

有人從情緒消耗的日常裡，逐漸疏離、麻木及冷漠，因為不這樣做，可能很難再繼續生活。有人則在情緒消耗裡，不停惡性循環，每況愈下，不只自己的情緒越來越焦躁不堪（因為過於疲勞），還可能因此產生身心症、身體疾病、機能受損等狀況。

然而，任何情境的情緒消耗都可能是無止境的，畢竟大環境很難調動與改變，需要很多集體的意識覺察，也需要個體或群體間一同合作，願意將愛護生命的人生哲學落實在我們的社會，才有機會挽救和反轉我們日漸耗損的身心健康。

在那之前，如何讓發生情緒消耗情況的個人，能為自己增能，賦予自己想要守護身心健康的權利，不僅提升自我心理健康意識，還能透過「有意識的覺知」

為自己選擇有益的人事物連結，**特別在情感能量的運用上，不要什麼都扛在自己身上，也別凡事都說「好」，幫助自己獲得實現生命意義的動力，而不是陷在損失與耗竭的循環中不可自拔**，不停陷落，就像陷在流沙裡，只能日日感到快要滅頂般的無力和無奈。

如果，你願意守護自己，學習善用身心能量、終止情緒無意義的消耗，也擺脫過度消耗性的人事物，為自己有益的身心靈擔任起守護的任務，那麼，希望這本書可以成為你前行的夥伴和支持力量，知道自己方向是正確的，讓人生不只是一味耗竭，而是來得及完成一趟豐富、滿足的生命體驗和自我實現之旅。

目錄

自序 身心和人際的崩潰，大多來自情緒消耗 002

Chapter 1 什麼是情緒消耗？

01 為何常感到身心俱疲？ 012
02 讓人情緒消耗的三個因素 024
03 為什麼常被情緒主導？ 046
04 你所不知道的大腦風暴 068
05 失靈的心智系統 082

Chapter 2 我們承受著情緒消耗而不自覺

06 競爭的社會沒時間停下腳步 094
07 僵化的內在信念 110

08 缺乏人我關係的界限 126
09 無法接納完整的自我 138
10 負面的關係使人越來越孤寂 152

Chapter

3 如何終止無意義的情緒消耗？

11 增進自我覺察能力 166
12 毒性情緒需要斷捨離 206
13 培養正向轉化的內控力 224
14 重建保護因子 238
15 做自己心智的守護員 258
結語 用生命經驗值得的人事物 269

Chapter

1

什麼是情緒消耗？

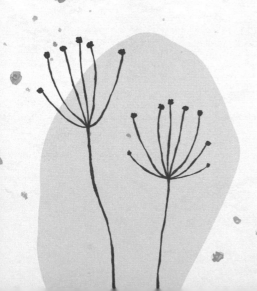

01

爲何常感到身心俱疲？

消耗有耗費、消磨、消費、損耗之意，指的可能是過程，也可能是結果。

當「情緒消耗」發生時，意謂著你受情緒的消磨、損耗。通常是兩方面因素造成的，一方面是你的內在身心受自己情緒消磨和耗損，這方面屬於自己造成的自我消耗；另一方面，是你受環境及他人的情緒波及、損耗，使你健康能量耗盡，呈現內部掏空和耗竭的狀態，很難補回或恢復，這是因為來自環境的消耗太強，在未能建立停損線或無停損裝置的情況下，只能持續被消耗。

常見情況像是我們受他人情緒抨擊或壓迫，例如他人的情緒宣洩、情緒性謾罵和吼叫，又或是具戲劇性張力的情緒性言行反應，無法克制和停止的朝向我們襲來時，在備受情緒攻擊或情緒引發的同時，為了支撐和承受那些情緒強度和重量，你也必須相對使用自己的情緒能量去相抵或抗衡，於是你的情緒能量快速消耗中。就如同你是一顆電池，遇到超級耗電的械具，你這顆電池很快就沒電了，無法再有效運作，也無法再讓其他設備好好運作，最後一切停擺下來，呈現低迷狀態。

事實上，我們社會確實有許多以情緒來消耗關係的人，消耗別人的情感，也消耗著自己的情感。以情緒消耗他人情感的人，其特徵是以「情緒」做為武器或工具，對生命進行威脅與控制。另一種消耗情感的人，特徵是無法自控與調節自己的情緒狀態，以致於內在的情緒像是洪水猛獸，會在第一時間做出淹沒自己、侵襲別人、破壞環境的反應。

總括來說，可能出現以下八種人格傾向與行為方面的特徵：

1. 行為和思維較衝動，容易觸發強烈激動的情緒反應。
2. 容易自我防衛、時時不安，因此需要他人時時安撫。
3. 經常以自我為中心，以致人際關係是片面的、表淺的，容易利用別人滿足自己。
4. 在真實／感知的衝突中表現出不健康的反應，例如：否認、說謊、指責、欺凌、迴避、攻擊、不信任、辱罵、敵意、發脾氣。
5. 習慣不承擔責任，只怪罪別人和環境。
6. 不尊重他人界限。
7. 將外界的一切都認為和自己有關，例如「那個人不笑，一定是對我不滿」；

「那個人不答應我的要求，一定是瞧不起我」，因此產生威脅感而引發不穩定情緒。

8. 缺乏對他人情況／觀點的理解，也無法分析客觀事實，因而陷於主觀的認定。

換言之，有以上多項特徵的人，日常生活的運作多以「情緒」為主導，缺少理性運作的機能。

情緒來自感受，以情緒為主導者，在感受上會較敏感或經常情緒反應過度。雖然較為敏感的特質或經常性有情感反應，不一定是干擾或一件壞事，但在還未能妥善調節理性與感性功能的情況下，只反應出情緒感受、缺乏理性思考活動的統合運作，個體往往會難以駕馭自己的情緒，也無從管控自己的身體與心理感受，隨著激動的感受起舞，造成情緒紛亂、糾結而耗竭，將是不可避免的情況。

在我們的社會環境，相互情感消耗的現象最好不要太常發生，無論是在家庭、職場、社群及社會環境中。例如喜歡下煽動情緒字眼標題的新聞，還有網路社群間興起的各種議題造成對立爭吵，這些都會不停觸發和興起群眾的個人情緒及感受，造成社會集體的情緒消耗。

一個社會常多以情緒運作來刺激大眾情緒，煽動及激化大眾情感，這不僅會造成社會集體情緒過勞，還會因為大量的情緒負荷及耗能，產生一定程度的身心耗損，讓人身心生病、虛弱、耗竭，造成無法恢復的疲累。

眼見各種媒體、行銷、廣告和政治選舉操作，我常常覺得台灣「過勞之島」的問題不僅在於工時過長、沒有放鬆休養生息的觀念，還有不斷被社會環境觸發的過度心智（認知和情緒）勞動，都是許多人身心虛弱、受損及生病的原因之一。

在家庭、職場、社群、人際關係和網路上，情緒消耗的情況一旦增多，勢必會讓社會環境氣氛如同處處是未爆彈，人身處其中隨時都會觸雷而身心俱疲、粉身碎骨，人如何安心？又如何能在生活中，安穩發揮自己的價值與能力，並感到自我生命的價值感？

不論是自動或被動發生情緒消耗的人，都極需要有自覺和培養成長的能力，多加強內控與自我領導能力，才能達到身心平衡的自我照顧。一旦社會環境不佳，穩定和成熟的力量較不足時，誰能及早學習、及早建立自覺，就能較少受到環境中激烈情緒帶來的各種非理性衝擊，造成生理與心理的消耗。

因此，先安定自我、保守身心界限、適當釋放壓力、尋求空間獲得寧靜、找到減少情緒被觸發及擾亂的自保方式，積極安排促進身心健康的活動，包括所需要的營養攝取，這些心理保健就成了非常重要的自我學習，來穩健自己的心理運作空間，以便有能力為自己辨識和審查生活發生的大小事，究竟要如何抉擇與評估自己所需付出的心力（心智活動）與能量，才不會過度使用、濫用，以致耗竭。

內耗，其實是因爲無法確立界限

常受情緒消耗的人，很有可能同時也是屬於內耗型人格者。情感是一種能量，能量原本是中性的，一個人會拿自己的能量去做什麼因人而異，而內耗的人，常會用情緒來霸凌或折磨自己。當外在情況不太友善，可能有攻擊性或敵意時，內耗的人會非常快速、不分青紅皂白的將所有結果，情緒化的歸咎在自己身上，產生自責、自貶、自我否定和自我質疑，最後陷入滿滿的罪咎感和羞愧感，耗損自己的身心健康，也打擊自我的自尊與價值感。

此種情況的根源，除了與人際關係、環境的互動缺乏安全感，也和成熟獨立的發展有關，有一大原因是內在系統沒有停損裝置，無法讓內部的干擾「告一段落」，反而無限擴張、無邊界的發酵。

這樣的情況還是多與早年家庭環境息息相關，家庭環境及主要照顧者（尤其是父母）多有情緒性的反應，以情緒威脅及恐嚇做為管教孩子的手段，甚至不斷焦躁叨念，這些都可能使孩子自幼就無法建立安穩運作的系統，並時常必須在猶如狂風暴雨的環境中被牽扯和觸發，久而久之，個體就像沒有穩固地基的房子，時常隨環境變動而上下搖晃、左右不定。

以情緒反應來說，在情緒起落間無法進行微調或適度減緩，會任由情緒起伏不定、上下極端震盪、左右拉扯，像是內在沒有防震器或沒有穩定核心，只要有訊號響起，內耗型的人便會草木皆兵、情緒大亂、內在震動到自己站不住、坐不穩，而各種慌張、焦慮、無助、恐慌和混亂的感受，如海嘯般隨之襲來，幾乎難以承受。

內耗型的人，有較大比例是具有高敏感特質的人（據估計，全球約有二〇%的人屬於高敏感族群）。五感敏銳、觀察力驚人、細節之處不會忽略，特別是周遭的氣氛或人的表情變化，更能立刻捕捉到，且對自己產生重大的影響，如同蝴蝶效應，別人的一點眉目神情，就可以造成他內在強烈的颶風，還可能造成不可忽視的損害。

「高敏感」是起源（來自先天基因和後天教養方式），「情緒化」是後果或呈現，不見得是必然結果，但中間有個形成因素是「容易受情緒觸發的情況」。主要視高敏感的人是否能學會調控情緒、學習客觀釐清事實，不受內隱神經質情緒操縱。

高敏感是一個名詞，也是一種特質，有相關的定義，並不是負面詞。但表現高敏感的特質與行為確實因人而異，若個體情緒容易淹沒和過激，如何調節、管控，以及駕馭自己的情緒能量，才不致於受情緒大量消耗，演變成內耗，這是高敏感族群的人生任務，也是高敏感特質者的生命課題。

高敏感特質／特性的人，其實有許多優勢和能力，在一些特別的工作或任務上，只要具備自我領導能力，並具有積極成長的學習態度，高敏感特質的人往往可以獲得高成就、高價值、高自我實現，也可以在特殊領域（例如藝術、表演或文學）獲得尊崇。倘若這一份高敏感沒有獲得自我駕馭和領導，那麼就會不可避免的成為內耗型的人。通常內耗的情況會出現以下的認知表現：

1. 我覺得我應該要……，但我做不到……。
2. 我辦不到，我總是這麼無能。
3. 我完蛋了、死定了，這種情況只會一直發生，我什麼都做不了。
4. 別人可以任意要求我、期待我，這是我本來就應該符合和完成的。
5. 沒有讓別人喜歡和滿意，我就是爛人。
6. 我是一個非常糟糕，什麼都學不會、做不好的人。

自我內耗型的人第一時間不是分化出個人界限，先試著將個人的認知和情感整理清楚、覺知清楚，也不是先理解外在客觀的環境發生什麼情況，反而是不分青紅皂白的立即自責或自貶，以致尚未真正面對或解決問題，便已開始消耗自己的能量。

再來，因為管控不了自己內在的運作，缺少自控的方法和領導力，因此會任由自己無盡內耗，以無效的應對模式進行隔離、迴避、否認情況，同時繼續以自我批判和貶抑非理性的歸咎自己。所以，內耗型的人異常疲累，要感受生命和生活的簡單快樂和幸福，似乎是不可能的任務，反而時常受自己情緒摧殘，導致精神耗弱。

還有一種可能的原因，內耗型的人是偏向憂鬱性人格者。在過往孩童時期的原生家庭環境有太多憂鬱的事（例如貧窮、缺乏照顧、家暴、被遺棄陰影等），令個體日日憂心、時時抑鬱，隨著人格的形塑，漸漸成為憂鬱傾向的人格。憂鬱傾向人格的人，當然不是自願的，但因為在無意識中塑造，受生活環境無形影響，因此漸漸成為人格運作的方式，在個體無法覺察和發現原由情況下，通常個體不知道自己為什麼會這樣想、那樣做，只能反覆受憂鬱性人格的作用，無限度的在負面情緒的海浪中載浮載沉、隨情緒起舞，無法建立有效自救管道和調節情緒的方法。

憂鬱性人格的人，其內在系統運作的方式與憂鬱症的人很相像，但憂鬱症是生理疾病，因此會隨著病情、天氣或溫度而時好時壞、病發或消退。憂鬱性人格的人，則是心因性的，屬於心智運作模式所造成的，並形塑成固定人格（一組一貫運作的個人認知、情感和行為模式），因此其不可變動性（僵化）會讓個體的憂鬱表現化為日常狀態，所見所聞、所思所感，皆會以不太有變化的憂鬱表現反應。這種不可改變、很難調動的反應模式，特別會被周圍的人感知，而其憂鬱表現最明顯的現象是什麼呢？那就是「自我否定」與「不可抑制的負面思維和負面情緒」，這些負面認知的反芻循環可說是造成不停內耗的主要原因。

內耗運作，猶如一種內鬥，在身心內在進行不停的耗損，不論是苛責自己、否定自己，或是持續無法告一段落的失落與沮喪，在難以啟動自我安慰系統和停損功能的情況下，精神能量就像是心靈財富，幾乎每日掏空虧損，又能拿什麼好能量、健康自我去面對生活挑戰和任務呢？當聚精會神的為自己蓄存好能量成了非常艱困的事，也就無從發揮自己的專長和潛能，去發展屬於自己生命的價值和意義了。

情緒消耗來自情感混亂無秩序，紛飛及雜亂的情緒，則來自感受的過度敏感與反應，容易對環境和人事物產生極度緊張與不安情緒，猶如內在沒有避震器及安全裝置可以調節，導致過度以情緒反應，回復平緩的過程所需時間會較長，若加上時常觸發及反應，個體可能因此神經耗弱，心智備受煎熬，造成難以聚焦問題、無法清晰思考策略，其直接反應出的行為表現，可能引發負向循環的人際衝突及累加的生活問題。

情感是值得珍惜的能量和能力，許多人卻常否定情感的存在，漠視自己的情感，在不認識、不理解自己的情感狀況下，任由情感內爆內亂，飽受摧殘和痛苦，在無力招架後，又對情感貼上負面標籤，汙名化情感的存在，認為都是情感讓自己受害受苦。這樣的思想是一種偏失，是一種情盲，同時是一種低情商（EQ）的呈現，如此造成的失誤，會任由情緒過度壓抑後再過度渲染，以致失控及外爆，反而造成身心更大的壓力及損耗。

下一篇我們就來談談各種令人情緒消耗的因素，包括失衡的身體預算、無效行為、壓力與焦慮、極端情緒表現所造成的情緒消耗。

02

讓人情緒消耗的三個因素

常有人向我反應，晚上無法入睡，覺得內在亂糟糟的，即使學影片或書上教的方法進行自我書寫，但寫著寫著情緒卻越來越糟，腦內責備自己的聲音無法抑制的播放，越來越雜，也越來越嚴厲。書寫後，反而覺得更累，腦袋更亂，帶著自我貶低和否定的糟糕感覺更難安眠，即使強迫自己要睡，也是帶著胸口一團淤積的感覺，翻來覆去才勉強入睡，但睡睡醒醒也難以安穩，於是此人得到一個結論——書寫是無效的，只會越寫越痛苦、越想越睡不好。

在前述的情況中，可以注意到，處於這種情況的人，內在是混亂失序不平穩的，即使行為上想做些幫忙自己安穩下來的活動（例如書寫、聽音樂或冥想），然而因為身心分離，認知和行為是分裂的，知行無法合一，行為上雖做了某些事及活動，但心智並不處於當下所進行的活動歷程，而是進行認知自動化推動的歷程，反芻負面訊息及累加負面情緒的活動，包括回想生活中的負面情節、負面評價和負面感受。

負面經歷和遭遇確實容易引起我們的負面情緒，負面情緒的觸發主要來自威脅感所產生的生存不安全感，不安全感會激發許多內在的核心情緒，包括恐懼、悲傷、生氣及厭惡。這些情緒是身為哺乳類生物都會具有的能量，主要功能便是為了確保生物能避開或防止任何會出現生存危險的情境，以達到趨吉避凶、獲得存活機會。

因此，不只是動物，我們人類更是從遠古祖先就開始透過基因遺傳下來各種情緒本色。在演化的過程，情緒腦原始本能沒有消失，並且再結合後天成長環境的社會情境學習，建構出更具生活地區、文化和社會規範特色的情緒反應。

例如，在華人文化下的女性，會更容易自責並感到內疚及羞恥，即使事情並非與她有關，也非由她引起，但在缺乏客觀釐清和分化的經驗下，以及傳統父權文化中各種怪罪女性、汙名化女性、卑微化女性的情況，使女性從小時候開始，就必須承擔父母及手足給予的照顧責任、聽從命令，做不到就被羞辱及訓斥，因而產生大量「我不好」的內在批判。這些都使女性在發生事情不順利或有阻礙時，第一時間習慣性的怪罪、指責自己，也就很快速的引發罪惡感、羞恥感和不安感等情緒反應。

同時，這也造成一個後果，在如此成長的塑形及影響下，個體會缺失主體感，也對自我一無所知，不太敢有主體意識和自主感，大多時候都是順應著環境的要求及命令行事、反應，並且命令自己要以和為貴、與人為善、善解人意，盡量不要有自己的意見和聲音，依從他人和外界的要求才能生存。

漸漸的，失去主體性的內在系統，就如沒有自控力和領導能力的指揮中心。若以一間公司做比喻，沒有統整力和管理能力的公司，不但會持續內耗內鬥，成為一個不良的工作環境，還會過度使用和消耗內部員工而不自覺，最後造成公司不僅沒有產能，還會一併把在這個環境生存的人消耗殆盡，造成集體的沉淪。

一個人的內部若是失去自控、自主與自我領導力，那麼要做一個能自我關懷和維護的人、要能珍愛自己的身心健康資本、及時調適好自己，勢必不容易；必須要先調整過去傳統形塑的不當思維，不再以為內耗等於內省（自我檢討），也不再以為不斷內疚和自貶，才代表自己是一個謙遜、有反省力的人。

太多人都把負面認知和負面情緒的反芻當作反省來看，以為必須不斷苛責自己和訓斥自己，才是自我要求。殊不知，這些其實都是錯誤對待生命的方式，也是錯誤的自我運作方式。

為了讓讀者更清楚內耗是怎麼發生的，人又是如何以情緒消耗自己和旁人及環境，我區分了三個因素來讓大家了解。

身體能量也有預算，一旦耗盡就會陷入空轉

人生的各種選擇，沒有絕對的對錯，任何一種生活選擇都可能有人選、有人不選，這一切都與個人的價值觀和認知信念，以及所期望的結果有關。通常，一件事發生，我們會評估可不可行？要付出多少代價與成本？會經歷多少困難與挑戰？會不會失敗或是划不來？這些都是我們會進行的內部考量與評估。然而，也有多數人不考慮預算和成本，因此造成身心、經濟、時間、資源的大量消耗而無所覺知。

當消耗到了枯竭程度，人只能傾向做低成本的事，追求快速代償的感覺，而不再有體力、心力和時間，去進行花費比較高、成本比較高的活動，包括學習、

接受教育訓練、長期培養與建立一個好習慣等。

大腦沒有能量，不想做任何會感到累的事情，這會養成急就章的行為，然而實質上並不能真正的解決生活問題和改變情況，只是不斷在無效行為中循環並且節節敗退，耗費僅剩不多的身心和資源在無實質意義的事情上，好像很忙、很累，卻無法得到任何實質效益和改善。

當身心能量及社會支援變得匱乏時，人們下決策時的心智過程也會跟著改變，產生放大認知偏誤的情形。認知偏誤來自認知思考的狹隘，會使人目光如豆，無法看得深遠，也無法進行正向循環的彈性思考，從而使得窮者越窮，忙者越忙，匱乏者越匱乏，為什麼呢？因為在狹隘有限的認知下，身心耗竭者或情感能量貧乏之者，只能做那些看起來可以瞬間降低焦慮或壓抑情緒的事，像是轉移注意力去消費、不健康飲食（暴飲暴食）、過度忙碌或沉溺上癮行為，看似好像在消化情緒，其實是在累積及壓抑情緒，默默的，這些壓抑的情緒就開始在身體上造成沉重的負荷及自我消耗。

尤其是過度疲累的大腦，長期缺乏某種資源或支持，不僅會感到貧乏，還會漸漸讓人產生「匱乏」心理。「匱乏」是一種「長期沒有」的狀態，或擁有的比所需要的少很多。在這種狀態下，人會下意識關注那些未被滿足的需求（例如金錢需求或當下以為需要的快感），以致思維廣度和深度都不足，進入所謂的「隧道效應心理」（Tunnel Effect，或稱「隧道式視野」），把我們拖進更加貧窮與忙碌的深淵。

「隧道效應」是指當我們過度專注在一件事上時，而這件事通常都是危急與充滿壓力的，那麼思路就會像隧道一樣變得狹窄，使人只能看到眼前的利益，而忽略其他重要的事，更忘了對日後造成的影響。

例如，父母又忙又累，拖著疲憊的身體回家照顧孩子，為了想讓哭不停的孩子閉嘴而動手打孩子、情緒失控的吼罵咆哮，根本注意不到孩子大哭的原因可能是發燒不舒服，或被小蟲侵擾造成皮膚搔癢。當然，也顧慮不到這些吼罵和動手對孩子身心發展上的影響及可能造成的負面後果，因此不僅照顧行為失當，更可能造成孩子性命危險。

美國行為經濟學家森迪爾・穆蘭納珊（Sendhil Mullainathan）及認知心理學

家埃爾達．夏菲爾（Eldar Shafir）合著的《匱乏經濟學》（*Scarcity*）主要是針對人的貧窮問題進行實驗研究而得出的結論，兩位作者以「匱乏心態」做為切入點，認為當資源變得匱乏之時，人們下決策時的心智過程會跟著改變，通常會偏失，缺乏客觀力，造成認知偏誤的情形十分明顯。

從這個觀點來談，就不難理解一個耗竭的人（無論生理或心理）所做的無效行為為什麼會不斷發生，在身心資本都匱乏狀態下，能好好處理和改善生活的能量資本不夠，只能陷落在惡化的虧損和掏空循環中。

無效行為就如成癮一樣，停不下來。**無效行為對一個人最大的損耗，在於反覆進行以為是在面對或處理的過程，實質上卻沒有任何效果，只是空轉而已，耗掉許多的體力、時間、精力，以及金錢。**

無效行為常見的表現是「迴避」與「拖延」，既是無效行為出現的原因，也是後果，意即為了迴避某些問題（通常是壓力源），以無效行為來拖延，避免面對與經歷。例如，某人要寫一份企劃案，這是他的壓力源，但他可能沒有任何靈感或經驗不足，無法進行建構，然而他不是去蒐集資料，或參考過往的成品，反而選擇逃避，在網頁上瀏覽購物商品，無意識的滑手機瀏覽許多商店頁面，不僅把時間浪費掉，最後可能還花了不少錢，無意識的買了許多不需要的商品。**雖然表面上看似在釋放壓力，然而當這個人做了許多無效行為後，壓力會更大**，還比原本處境增加了更多的壓力，例如時間的壓力、經濟的壓力、身心的壓力（見圖表2-1）。

透過各種無效行為，諸如五光十色的刺激及藥品、酒精的快感來麻痺自己的感官，以為是放鬆，卻是不斷延遲壓力和問題，或是追求高刺激活動消耗身心能量，反而在進行重要的事務時無精打采、欲振乏力。

除非，我們開始意識到內部管控和身心成

圖表 2-1　辨識有效與無效行為

有效行為

獲得或強化身心、人際、社會資源，讓問題處理具彈性、多元的方針及流程，並且更能妥善安排及處理。

無效行為

無效行爲不僅無法有效的解決問題，並且爲了迴避某些問題（通常是壓力源），而以無效行爲來拖延、迴避，避免面對與經歷，因此造成負面循環及問題日漸嚴重。

本運用的問題。然而，這樣的意識，是非常需要理智參與的辨識和管控歷程，才能夠思考和覺察，整個過程也很需要身心能量的健康資本去支持運作。

匱乏的思維模式會導致認知頻寬不足，過度使用、過於充塞，就像電腦開了許多頁面，執行了許多程式，造成超載而無法運作，產生延遲反應，讓處理速度變慢，無法進行有效應對。

如果你是長期錯估身體預算的人，很少照顧身體健康，也鮮少在意自己身體的營養和休息等方面，等同你時常超支你的身體成本（體力、腦力、心力、活力）而不自覺，那麼在身心能量資本不足的情況下，又不斷榨乾自己，或無力招架與處理自己內部及他人的情緒消耗，那麼你會一而再、再而三無法終止這個狀況，因為你沒有體力和精力進行有效的處理，同時喪失有效策略，以致只能任由困窘情境帶著自己團團轉，你無法處理情境但情境卻時常消耗你，讓你一日比一日更加虛弱無力，也更加動彈不得。

若你想終止和避免繼續情緒消耗，那麼試試看，調動自己的專注力，放在身體資本的累積，好好訓練及維護身體的機能與體能。**身心其實不分家，都是完整**

個體的一部分，身體好，心智的運作才會好，身體一旦失衡與超支，心智勢必也會失衡與耗竭，在身心資源過度匱乏之下，無意識的無效行為所造成的身心健康損耗也會越頻繁。

強忍焦慮，使自己成為壓力鍋

活在現代，似乎很難遠離焦慮。根據統計，台灣平均每四個人就有一人為情緒而苦，每六個人就有一位需要透過藥物助眠。活在快速、充滿競爭壓力，且必須要不斷因應變化的現代社會，各行各業，在不同的社會角落及社會位置的人，恐怕很少有人不焦慮的。

焦慮的形成，在生理、心理及社會層面，還有生活型態方面，都有其影響因素，是複雜的綜合性情緒症狀，無法簡易的單一歸因和解決。

生理和心理承受壓力且是過度負荷的壓力時，是焦慮感最高的時候。因為擔心無法面對和處理，因為擔心許多無法控制的未知發生，且不知道會發生什麼樣可怕的後果，都是引爆焦慮的組成物，其最主要的煽動成分就屬於「非理性信念」，一種深藏在我們潛意識中不知來源的可怕念頭、極端念頭、偏執念頭、暴力念頭，使我們被這些念頭操縱、控制、強迫等，也無法抑制與終結這些念頭的啟動。

被焦慮宰制的人，最明顯的反應，包括無法停止說話，滔滔不絕，無法暫停也無法聆聽；再來是身體的躁動，無法靜下來什麼都不做，反而走來走去、動來動去；最明顯的是思緒，無法停止轉動的紛飛念頭和想法，像是強迫進行思考，無法暫停思緒，而想法上多為不理性的二分法，缺少彈性的空間，要自己「非這樣不可，否則就會那樣」等負面認知。

如果，可以好好了解焦慮的歷史，那麼每個人會感覺到焦慮，以及被焦慮綑綁的原因都不盡相同，但研究文獻上，許多的討論會溯及到一個源頭的問題：「依戀關係」的形成模式。依戀關係是我們幼年（尤其是人生前五年）很重要的需求，也是必須發展的關係能力，此依戀關係確保我們的生存安全、確保我們可以得到情感慰藉，也確保我們在這世上有所歸屬。

但是，若這一份早期與主要照顧者的依戀關係品質是脆弱的、不安全的，甚至主要照顧者本身即有焦慮症狀，那麼，孩子在未能充足感受到安穩依戀的情感照顧下，日後要面對更大的生活挑戰及現實問題，就更容易感到不自信、不安及無助感，這些內化而來的「負面自我觀感」都會再演變為日後的「焦慮體質」。

除了依戀關係的品質與模式的影響，另一個被討論的影響因素是「自尊」，意即自尊的程度與穩定狀態，會與焦慮的強度有關聯。低自尊與自尊不穩定，都是對自己的價值感不確定，還會出現打擊及挫敗自己的傾向，無法建立自我效能，不相信自己是有能力的人；因此遇事時，就容易感到慌張與緊繃，感到難以掌握自己，也難以掌控外境，內外夾攻，內憂外患，以致身心俱疲。

焦慮，是一個非常複雜且龐大的議題，從存在議題來討論的心理學家或心理治療師也不少，焦慮也可說是一種「存在狀態」，對於存在的情境感到焦慮，像是對孤獨感的焦慮、對於中年空巢期的焦慮、對於自己生涯發展未知的焦慮，以及對容貌及年紀感到的焦慮。結婚前、生孩子前後、轉職前後，這些人生的轉變期，也都是焦慮好發的時期。總括來說，人只要活著，在一生當中，都必定與焦慮交手。

若深入焦慮，會發現焦慮其實是外顯的表層情緒，加上非理性思考的混合體。穿越心理防衛層，就會發現焦慮的核心情緒是恐懼與不安全感，這是生為生命，知其生存具有各種威脅與危險的生物本能，卻因為活在文明社會，這個具有工業、商業運作的大環境裡，把人視為工具般的利用和操作，身為大規模社會運作一份子的我們，理所當然也必須學會適應社會規則和規範，包括熟稔生存的社會法則，必須克制衝動不安的恐懼，同時壓抑內心各種對未知的害怕，讓自己必須要迎頭趕上各種社會制度下的競爭、比拚，好讓自己可以活下去。

我們以為這是化解自己內心深層的不安全感和恐懼的方法，卻反而使身體像一個壓力鍋，只能把各種非人對待與背離自己意願的社會情境，強壓進自己的身體，讓身體像是一個封鎖體，鎖住那些難以忍受的負擔、壓力。

在現代化充滿各種比較、比拚、競爭的壓力環境下，幾乎人人難逃焦慮的宿命，不論是小孩、青少年、中年或老年人，不分性別、區域，活得猶如熱鍋上的螞蟻，成為生而為人的必然經驗。

但我們也不需對焦慮抱持全面否定與抗拒的態度。焦慮，發生於我們身上，仍有其重要的意義。美國心理學家羅洛．梅（Rollo May）所著《焦慮的意義》（*The Meaning of Anxiety*）認為，焦慮有它毀滅性的部分，但也有建設性的部分，我們可以探討「焦慮的意義及它對人類經驗的價值」。

羅洛．梅對「焦慮」的研究中，檢視不同的焦慮理論，也挑戰當時「精神健康就是沒有焦慮」的流行信念。他引用齊克果的主張，認為焦慮是「良師」，只要當新的可能性浮現時，焦慮就會在那。這些思考點出一個當代研究幾乎沒有碰觸的主題，那就是「焦慮與創造力」的關係。

換句話說，你焦慮時可能至少面臨兩個處境或情況：

一、你想要改變，不想再日復一日的過下去，雖然還不知道要改變什麼，但你體內和心智上的焦慮，可能都對現在的生活忍受到極點，有種「再這樣下去就要崩潰」的感覺，這時你的焦慮會非常沸騰，大腦會像失火的感覺。

二、你已經突破第一點的情況，真正開始朝向未知的新穎選擇邁進，這是前所未有的經驗，是你人生的冒險與突破，也是你人生的開展，但由於一切是新的，你的熟悉與掌控感是低的，因此你的焦慮也十分沸騰。

如果，你能從焦慮的正面意義著手，去探究你焦慮的各種因素，不論從認知著手、情緒感受著手或從日常生活作息觀察，甚至是你的人際關係型態，你會對自己的焦慮有新的理解，會發現你的焦慮在說：「不能再這樣過下去了，你需要改變！」

試著從焦慮的發生，慢慢練習去聆聽，想像這是一位很為你擔憂、名為「焦慮」的好朋友向你提問，那麼，從問題來思考，你可以問自己：

1. 如何改變？做些什麼、少做些什麼，焦慮可以趨緩？
2. 如果焦慮在說：「我現在的生活有些受困、有些瓶頸」那會是什麼？
3. 焦慮在告訴我，或試著讓我了解自己真心想要的生活，那會是什麼？

簡單來說，焦慮可以耗損人的身心資本與資源，也可以成為改變生活狀態的引擎。然而，究竟讓焦慮耗損我們或讓焦慮提升我們，取決於自我意識和自控的力量，當然，這還是需要回到一個根本問題——你是把自己當作工具來使用，還是把自己當作生命來關愛？前者會讓你忽視自己，後者會讓你深察自己。

極端情緒會消耗我們的身心能量

極端的情緒就像是極端氣候，當我們經歷時如臨狂風暴雨，被席捲、被侵襲，待風雨漸停，還要面對浩劫過後的場面與慘況。

極端情緒也猶如一間私人暗房，往往理智會離得很遠，不參與其中，而在這個猶如恐怖屋的情緒空間裡，挾持自我為人質，要我們不要輕舉妄動。

有許多時候，極端情緒又像一個恐怖情人，要我們聽他的，受他支配和左右，順應他的所有要求，不能說不，也不能討論與協調。不然，就像個未成熟的孩子，只顧著滿足自己想要的，不斷索求，絲毫不想顧慮現實社會的運作方式，也不想顧慮後果。

無論如何，過度激烈的情緒都會讓我們付出不少的身心代價。情緒過度激發及陷入情緒風暴中，是耗損心理能量和身體預算最直接的代價。

你的身心資本會為了因應激烈的情緒觸發和喚醒，像透支一樣，在短時間內虧損，難以修補；過度的情緒負荷和超載，將讓你再也沒有能量管控好個人和人際之間的界限，也無法安排任何對自己有益處的生活。

即使你說自己身強體壯，而且天資優異，天性樂觀而強健，但當你受環境或他人過度的情緒波及，過度承載他人的情緒張力，且日復一日的累加無法釋放和調節的情緒壓力時，請注意你的承擔、損耗還有疲憊；當你越忽視自己的身心俱疲，越與自己失去聯繫，只剩下任務工作和符合別人要求時，你的情感能量會在臨界點，不知道哪一刻將會凹陷、崩塌、潰堤。

好好的覺察自己、聯繫自己，建立健康的自我觀照和關懷，要知道，護全自己的生命安全和健康需求，是合情合理的事情，不再被社會文化框架支配，不再受制於自我犧牲及自我強迫，不再總是為了道德和倫理的過度綁架而焦慮，而失去真誠關愛生命的慈悲和心志。

留意你的情緒負荷和超載程度，不需再無助的受環境折磨和操控。你的意識健康了，才有健康身心的契機和再選擇的能力。當然，這對某些已經認知僵化，或是過度混亂以致長久未安頓的個體來說，無疑是很困難的調整。由於缺少了彈性和調節力，所有的新知、新信念，都無法和自己的情感及行為反應連線、達成自我合作的更新狀態。

無法告一段落的負面情緒，就像哀怨的心靈幽魂，一直如影隨形，不讓你好好過生活，也不想被你澈底解決。特別是幽魂會以極端愛恨的形式糾纏，十足的憤慨、十足的仇恨、十足的沮喪、十足的絕望、十足的哀傷，像溜溜球的大起大落，讓你的情緒能量極力在大壞中想要迅速大好。在兩極情緒中，就像是來回短跑，跑過來跑過去，直到你累倒仆在地上，沒有力氣再掙扎和奔跑。

確實，有人是以激烈的情緒來消耗自己，才能讓腦袋混亂和紛飛的思緒暫時停止，不再騷擾自己。當被自己的情緒磨損到精疲力竭，終於大哭大怒大悲大喜之後，在所有力氣都用盡時，才能暫時感受到那一兩秒的「平靜」。

但這樣的反覆操作，卻預告了惡性循環的負面結果，因為每一次的大宣洩、大崩潰，都要用之後好幾天的時間來修補能量，宣洩過後可能什麼也無法進行，動彈不得，飲食和生活的品質都不佳，當然也影響了人際關係呈現不安穩的動盪。特別是，在每一次的大宣洩、大崩潰後，身心還未能好好復原的情況下，很快又再經歷下一次的大宣洩、大崩潰，甚至週期性的每週重複數次。

你可以想像一顆電池用電已經消耗一大半，來不及充飽電，又必須趕快應付下一次電力支出，那麼這一顆電池是無法真正充足電力，不用多久，這一顆電池就會無法支撐任何需要用電的情況。

但畢竟電池是無生命體，耗盡能量後頂多成為一個報廢品被回收，但人非如此，人是生命體，生命體的本質即是有感受、有生命特徵，也有生物機能的運作與反應，**當一個人過度在大宣洩、大崩潰中消耗自己的生命能量，那麼他的身心必然會內亂、內耗，可用的好能量會越來越少，而留在自己體內的是大量未能修復、殘害和折損的身心代價**，傷痛未癒，苦不堪言。

情感能量因人而異，有人天生情感能量強，有人天生情感能量弱，以學理來說，這可能是我們大腦情緒中樞接收和傳導的敏銳性各有不同，也可能是後天的教養與成長環境，養成是否容易被激活的情緒感應性。

人需要保有情感，因為情感是我們內部的動力來源，像是我們的內裝引擎。然而若是情緒過激，引擎時常過熱，過燙或是不正常運作，那麼我們的生命體也很難在穩定的狀態下發揮功能、運作得宜。

情緒過度反應的後果如下：

1. 大腦疲勞，精神不振。
2. 身體健康出問題，大大受損。
3. 注意力不集中，很難安定。
4. 心緒凌亂，思考無法清晰。
5. 無意識做出衝動行為，悔不當初。
6. 人際關係脆弱不堪，無法穩定建立與發展。
7. 自我混亂，無法定錨生活目標。
8. 浮沉在情緒海浪裡，無法感受安穩。

當一個人無意識的時常以極端戲劇化的方式來表達個人情感，對一個小孩來說，這或許是本能反應，也來自還無法意識及自控的自我表達方式；但對一個成年人來說，若表達自我的方式仍是充滿戲劇性和情緒性，包括說話、姿態、口氣，時常大動肝火、大聲吼叫，用劇烈的各種姿態、態度想表達出內心感受到的情緒張力，產生這些失控行為的背後原因，會是我們接續要討論到的情緒消耗的複雜性問題——生命發展歷程的創傷。包括自我分化能力、個體界限的受損，以及複雜性創傷所造成的傷害性、破壞性的情緒干擾和障礙等。

03

爲什麼常被情緒主導？

情緒消耗的問題很複雜，若我們要深入探討，必然無法迴避一個根本的問題，那就是早年（童年及青少年）的生活，累積什麼樣的經驗？又在什麼樣的環境成長？以致其情緒展現的特徵是激烈的、持續的、誇張與擴大的。

這樣的現象等於生活的一切反應皆被情緒所主導，並且很難隨著人生歷練、自控力、自我成熟度和調節力的成長而有所修整；甚至，可能一生都在激烈、張狂、情緒化的狀態下處事待人，尤其是對待至親。生活在周圍的人幾乎時時刻刻受其波濤洶湧的情緒宣洩和咆哮，或一不順自己的意就情緒激動的要脅和怒斥別人。這些現象皆屬於情緒調節障礙，不論是憤怒難以調節還是來自失落或挫折。

情緒消耗型的人，有些是外傾式，不只對環境發洩情緒而已，往往還需要找到一個對象（親近或不相干的人，或貓狗等小動物），以宣洩、咆哮的方式將情緒外倒，以達到內心的淨空與平靜；有些人則是內傾式，內心的情緒猶如狂風暴雨、鬼哭神嚎，但外表卻是極為冷靜，甚至旁人根本無法察覺其內在正經歷激烈的情緒翻騰，猶如內在洪水或內在失火。

當然，也會有人是兩者兼具，既對外傾洩也對內炸裂，如此造成的情緒耗竭，不僅攻擊了他人，也消耗了自己。

在一個人的成長過程中，初誕生時，是以本能的方式生存，進行自動呼吸、進食、排泄、機能運作；幾個月後，開始漸漸能透過接觸、連結，和環境的重要他人形成依附和情感互動經驗。這個發展階段，不僅建立了有意義的連結關係（也稱為依戀關係），並儲存許多關於生活經驗和關係經驗的情緒記憶。

大約三歲開始，認知發展，即屬於我們的上層腦（大腦皮質層）也積極加入個體發展的行列，進行關於學習、模仿、辨識和分析的智識活動，並練習生活的自我控制和自我管理等訓練技巧，包括控制情緒、參與人群活動、執行規律作息、自理身心需求。

這部分的發展模式會到二十五歲至二十七歲漸漸成熟及穩定。穩定後，屬於情緒中樞的邊緣系統腦所釋放的情緒能量及情緒波動，也能受到一定界限的管控，與上層腦合作和搭配，在接受大腦皮質的資訊辨識、分析和組織過後，才能做出適當的情緒因應和有效處理。

因此，大腦心智發展在沒有受到破壞和阻礙，沒有故障和受損的情況下，大腦內部的心智活動是一致不分裂的，也能在最高層腦的統御和整合，由上而下進行適當、具有社會情境意義的行動去應對，而非採取自動化反射動作或自動化的情緒性反應。

本節即是要討論和說明，為什麼個體無法進行具有統整性的身心和行為表達？為什麼情緒一旦激發就會引發自動化神經反應，激動的任由情緒對自己和環境進行發洩和損耗？

自我分化能力未成熟，容易受他人影響

分化，指的是一個人「分別」或「區分」的能力，自我分化，即是分別出「自我」與「他我」為不同個體的能力。若是很需要依從、附和，很擔心自己和別人不同而關係斷連，產生一連串拉扯與糾結的心理牽扯，那就表示個體分化能力明顯不足。

這對生活和人際關係的影響都是很大的，尤其會在人我關係之間，分別不出自己的個體性，也分別不出他人的個體性，彼此關係的拉扯和糾葛一多，也就容易產生相互吞噬和侵犯，以及造成彼此不尊重及控制的行為，那些我的、你的、他的界限範圍都會弄不清楚。

對初來乍到的嬰兒來說，毋庸置疑極需要有一個照顧者在他身邊，嬰兒無求生能力，無法供應自己生存上的各種需求，需要仰賴外界和重要他人的養育，而這個供應他生存所需一切的照顧者即是他需要依附的對象，照顧者在，他才得以存在，照顧者消失或離去，他也可能一併滅亡。

因此，對嬰兒來說，不論心理層面或生理層面，他都需要強烈緊密的依附以求安全生存，當然，從認知發展來說，嬰兒還無法清楚感知到自己和外界之間所存在的分隔線（界限），尚無法清晰的知覺到自己與他人皆是獨立個體的存在，特別是嬰兒會非常需要及渴求和母親這個母體同在的一體感，因此無法讓他分別出母親是母親，而自己是自己。

相融於一體，是所有誕生的生命和母體之間必然發生的狀態，不只有身心同步感，還有一種強烈的情感依存感，主觀覺得有母親存在才有自己的存在，絕對不能失去母親，若失去母親自己也難以存活。

一直到十八個月至二十四個月左右，等同是一歲半到兩歲之間，隨著身心發展，特別是認知意識方面，才慢慢有能力辨識及認識到環境的他人和自己是不同的存在體，小孩會開始體認到「自我」的存在。他會有自己的意識感，能有自己的認知、情感，以及自己的行動自主性和主動性。

接著，隨著社會情境的認識與了解，學習投入社會生活的同時，慢慢練就辨識的本領，能夠在自我（個體）和他人（一體）之間，學習分辨及確認何時要「分別自己出來」、何時要「伸出自己，與他人連結」，在面對差異時，能真正發展出尊重不同及理解差異。

以青少年常見的吸菸問題來舉例，如果孩子今天和一群同學很要好，日漸產生情誼，有一天其中一人拿出香菸要大家一起吸菸，這時孩子就會遇到一個難題：究竟要把自己分別出來，成為獨立的個體，向對方說不？還是要歸向群體，放棄自我分化？孩子為了證明自己屬於這個群體，具有一體感，而採取不要具有個體的主張和選擇，也不表達出自己真實的意見或反應。

我們的日常生活和人際關係，幾乎時時刻刻都在面對這樣的挑戰，在自我的個體和與他人連結成一體間，需要做出思索、辨識、選擇及決策。

大多數人的困擾，來自我們複雜的內部系統，有各自獨立的運作功能，也有不同部位之間的連結，若無法進行自體的調節、組織和統整的話，在區隔（分化）與串連（連結）之間缺乏自我辨識力、組織力和統合力，便會發生缺乏彈性的過度僵化，或過度混亂的內在反應。

其中特別難辨識和進行內部處理及調節的部分，便在於「情緒分化」的能力。情緒分化指的是我們能把自己的情感系統，包括反應和調節方式，和他人的情緒系統分別開來，知道各自有各自的情緒系統，而能試著分別，不進行涉入與干擾。不論是對方情緒對自己的影響，或自己情緒對他人的影響，我們都能分化出個體的範圍，知道不同的個體都需要有自己的情緒空間，不會產生混淆與拉扯，甚至以情緒再進行下一輪的侵入與控制。

如果個體的自我分化未能完成，當然會在情緒分化與認知分化方面都產生阻礙，無法順利釐清哪些情緒和認知是屬於自己的？哪些情緒和認知是屬於別人的？我們能做的是自控、調節屬於自己的部分，去調動、適應或轉變自己的情緒，但對於他人的情緒或認知，我們要做的不是控制及侵犯，而是去理解和尊重。

成長的過程，我們需要慢慢的把情緒的起頭者辨識清楚。是誰的情緒，就需要由誰來面對和處理，當然不是找替死鬼或不相干的人，再進行下一輪的情緒施暴和情緒消耗。

對於不屬於自己內部引發的情緒，很明顯是屬於另一個人的內部系統時，在這樣的情況下，我們可以練習不去反應，不受牽扯、不被沾黏，更不要被拖進情緒的風暴中。在稍稍沉默後，可以適時移動、走開，若要回覆，你可以表達：「我感受到你目前的情緒，那麼先留一點空間和時間給你，我先離開，讓你冷靜一些後，我們可以再繼續討論。」

過程中，因為情緒容易牽扯情緒，若我們自己理智不夠堅韌，或覺察能力不夠強，無法在當下即刻發覺並拉開距離，讓自己調動到可以感到安全的空間舒緩情緒張力，就勢必會有一波身心牽扯及情緒觸發，這是無法避免的。

若身體暫時無法離開同一個環境，自我分化能力成熟的人，還是有機會較不受他人莫名情緒糾纏的影響，因為分化能力足夠，能減少踏入別人情緒激烈的暴風圈，設下心理安全防護網，迅速及適時的挪出自己的心理距離，不受情緒綁架和威脅的滅頂，有能力找到機會調整行動。

情緒分化功能不佳，無法設立良好的界限

可惜的是，很多人當外境發生事情，不是第一時間覺察自己，思考自己如何調整與應對，而是卯足勁想著如何對付對方，讓對方好看、不好過，幾乎無法意識到自己的耗能模式，輕易就陷入戰鬥位置、激起防衛反應，無法自拔。

情緒失去界限的人，容易把自己的情緒和別人的情緒反應混在一起。因為別人有什麼情緒，所以我就跟著有什麼情緒，讓別人用他的情緒侵入自己、控制自己。例如，因為他看起來很生氣，我害怕他生氣，所以就依著他；或是他看起來

很生氣，我也跟著生氣，覺得自己被他的生氣危害了，因此想以更激烈的怒氣壓制他。在情緒界限方面，失去自己的獨立情緒處理系統，等於讓別人的情緒如風雨般吹襲你的內在，讓你的內在不安穩。

除了自我分化能力未成熟，另一種關係中的情緒問題，是情緒分化程度不足，以重要他人（例如爸媽或伴侶）的情緒為自己的生存中心，依存在別人的情緒裡，以他人的情緒餵養自己，分不出自己和他人有不同的情緒系統。

他人的情緒就像是在我身上發生一樣，他人難過就像是我難過；他人生氣就像是我在生氣；他人哀傷就像是我在哀傷。反過來也希望別人能和自己感受到相同的情緒，因為我很生氣，你也要和我一起生氣；因為我很悲傷，你也要和我一樣悲傷；因為我很介意，你也要和我一樣很介意，如此共感才能顯得我們關係緊密，不分你我，一起感受一起呼吸，就像是共生體。

這樣的共感，雖然會產生「一體感」，然而這也顯示出一個人無法獨立、無法成為完整的自己。在成為自己的過程中，過於恐懼獨立、害怕承擔、渴求依賴，無法為自己的想法和情感承擔責任，因而想和他人依黏在一起，如此一來，不需自我負責也不需自我釐清，一切只要歸咎於「都是別人讓我……」「都是別人害我……」將自我需獨立負責及承擔的責任推給別人或群體，就不用面對或解決自我個體需要負責的部分。

成為一個獨立的個體，要練習設立情緒界限，拉開足夠的心理距離，保持獨立運作，避免與別人情緒沾黏糾結，被情緒綁架，或讓別人把他的情緒黏著在我們身上。

情緒界限的課題，要練就不讓別人的情緒滲透到你的內在系統，干擾你的選擇和行動，也不喪失你的理智、混亂你的情緒；如此，兩個完整獨立的個體，才有機會真實的「連結」，感受到親密和理解，而非是消耗性的「關係糾結」和「情緒拉扯糾纏」。也因此，真正的同理心，是建立在有情緒界限的情況下才能發生。

關於情緒的問題和混淆，向來在我們社會中很常見，糾結一團，無法理性思考出一條明路。所謂的「隱性記憶」，會記憶情境遭遇中的情感和身體反應，情緒也會儲存，因此當情境相似了，外界環境觸發了，那些隱性記憶的情緒就會由自主神經系統自動啟動，讓我們的感受和身體反應非常快速激烈的爆發（例如被否定時、被拒絕時、感到格格不入時）。

往往當我們動彈不得、深陷其中的時候，我們會感受到身體僵硬、如臨大敵、缺少活絡性思考能力，接著自動化出現可怕的感受、不安全感，並進行一連串無法真正理性辨識和客觀分析的非理性判斷。

非理性認知讓身心不停動盪

非理性認知判斷和解讀是我們情緒消耗（無論是內耗或是被他人的情緒消耗）很常見的根本原因。缺失理性的生活，日常就容易隨時風雲變色，主要是因為非理性認知判斷和解讀，往往代表與客觀事實差距甚大，又因為它是來自主觀經驗及個人內在的資訊處理系統，因此當個體慣用非理性認知判斷和解讀時，就容易產生自我中心的偏執，與無法適度彈性調整的思維，不僅影響自我內在的狀態，並推動行為往強迫與偏執的方向進行，通常還會失去對客觀事實的判斷。

最容易出現的非理性認知信念有以下三項：

1. 二分法：「若我不這樣，就會那樣」。例如：我不照著做，就死定了。
2. 過度推論、自我中心推論。例如：他拒絕我，一定是我很討人厭。
3. 單一簡化歸咎別人或自己。例如：他有夠可惡、都是我造成的、都是我的錯等。

這些非理性的判斷和解讀，源自我們童年時，不成熟大人對我們訓斥或指責的內容。

因為過去的大人缺乏理性的能力，無法引導我們進行符合客觀事實的探討，於是我們被輸入那些指責，同時又模仿不成熟的大人，完全沒有機會學習具有邏輯思考和理性客觀分析的能力。

因為平時不習慣進行理性思考歷程，而是由情緒推動直覺式思考，因此負責理性思辨的大腦皮質層會運作得較慢，無法在情緒激發、受到刺激的情況下，及時啟動理性思考認知能力，處理本能情緒中樞衝出的情緒能量，回到客觀事實的確認和問題解決。

在非理性認知的推動下，生活也容易處於非理性中，難以建構理性的生活。這麼說，不是要高舉理性的地位，而是如果缺乏理性認知思考的能力，欠缺理性思考及邏輯推理運作的話，那麼活在生存模式中的個體，將時常受自己情緒觸發或是情緒自動化推論的直覺想像，讓自己的身心隨時處於動盪的狀態。就像是一個地方一直微震不停，生活在當中的人，即使好像習慣了，但對精神上的侵擾還是存在的。

透過理性運作的練習，我們也才有機會加以自我覺察，將感知到的情緒，在當下藉著自我分析、梳理情緒的發生與推動，進行情緒標定、命名、確認、表達、脈絡同理，並實行情緒調節歷程，才有機會拆除巨大的情緒炸彈，避免內爆、造成理性功能當機，讓理智斷線。

但若長期對情緒炸彈感到恐懼和無助，只是任內心動盪而不作為，那是不可能真的成為內心的拆彈專家，也就無法做到適時的安撫與調節情緒的激發。

基本上，**我們的情緒是受到心理誘因的觸發，而心理誘因大多來自非理性的「認知偏誤」**。非理性是幼兒時期的認知本能，所以生命成長的意義之一，是我們可以慢慢學習成人的思考能力，練習客觀事實澄清和分析的方法，這需要適度的身體活動，才能訓練大腦皮質活化，讓思維不當機，保持多元、彈性、靈活的思考能力。

一個身體停頓、常躺平或趴著、長久不動的人，其認知思維又停止思考，那麼，你便會看見此人的認知功能快速退化，不僅可能造成認知功能受損，還會有偏執、非理性、無法聚焦溝通、無法理解環境訊息等情況，社交能力越來越封閉與停滯。

我們若長期由非理性推動偏執性的負面認知去解讀（又稱負面認知偏誤），把一切事物都解讀為負面的，包括負面的自己、負面的他人、負面的世界、負面的未來，不但會引發無法停止的情緒消耗，更容易造成身心方面疾病，尤其是焦慮症和憂鬱症。

檢視自己的自動化思考歷程，是否以非理性的「認知偏誤」進行？這是一個重要的自我檢視和監督（見圖表3-1）。

沒有自我覺察的檢視和監督，也就沒有修正和調節的可能，那麼就會被自己所引起的自動化非理性思考歷程，導向許多偏誤的認知信念，像是「我很糟」、「我永遠不夠好」、「我得不到所有人喜歡」、「我一無是處」、「別人都討厭我」、「我不能惹別人失望和不高興」等，進而產生複雜的、糾結的、混亂的、極度負面的、反覆性的情緒，且被這樣的情緒反應所消耗、折損，而形成難以癒合的擴大式心理傷口。

透過為自己進行認知行為和情緒反應方面的覺察，才有機會開始思考如何調整及修改這些慣性煽動情緒的「內耗信念」。

圖表 3-1　自動化思考歷程

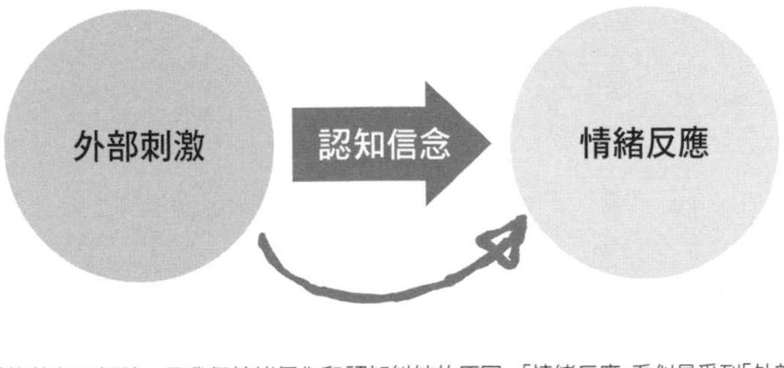

一再重複的負面解讀，是我們情緒僵化和認知糾結的原因。「情緒反應」看似是受到「外部刺激」所引發，但其實是內在認知信念造成的，需要透過自我覺察，才能改善。

過往創傷埋下引爆內心的情緒按鈕

在心理治療的場域，幾乎時常在面對與處理人的「心理創傷」，其中有一種類型是屬於發展性創傷類型，稱為「依戀創傷」。這是來自主要照顧者對需要關照和撫育的嬰孩，出現了忽視、虐待、缺乏關照、暴力等行為，破壞了嬰孩與主要照顧者間安全感的依賴或親密連結，因此造成孩子身心發展需求的阻礙與損害。

破壞最強烈的，是關於自己存在的安全感，無法確信自己的存在是安全的，也無法確信自己在與人的關係中是安全的，感到備受威脅。這會影響孩子如何看待自己的存在，以及如何確認自己的需求，同時影響一個孩子會如何向外在世界表達自己？如何展現自己？如何與他人進行關係的互動與連結？

我們或多或少都遭受過某些程度的依戀創傷影響，畢竟沒有完美的童年與完美的父母，何況身為成人的父母基於太多原因，可能為生活忙碌或疲於奔命解決自身問題，包括婚姻問題、經濟問題或生涯問題，而造成無法全心全意照顧孩子的需要，更遑論孩子需要的關注、擁抱、重視，以及安全的確認與安撫。

如果這些孩童時期的依戀需求（包含孩子成長所需要的情感撫慰和安全保證）嚴重受損、匱乏，那麼無疑的，孩子在生命發展上所需要的身心及社會資源就會大大缺失，造成一定程度的發展性創傷，阻礙孩子心理與社會發展方面的學習及成長。

童年的傷痛未癒，無論是家暴的陰影或情緒暴力的侵襲，在未能真正完整修復以前，我們始終都容易處於受傷的狀態，無法真正的健康茁壯；因此在受過傷的情況下，認知和情感反應也容易發生扭曲和偏誤，更引發我們與環境及人際關係負面的互動方式，造成過度敏感及過度觸發不安全感情緒所帶來的衝擊和破壞。

例如，有人說了一句話，突然間被一股不祥的感覺所籠罩；有人做了一件事，立刻就變得憤怒或警戒；有人用某種態度對待你，讓你發狂崩潰；有人提及某個懸而未決的問題，或過去創傷相關的某個人、某個地方、某件事，你整個人立刻就因為悲傷、憤怒、恐懼或羞恥而緊繃起來。

負面情緒的觸發點可能是引動情緒即時反應的任何人、事、物或經歷，包括語言、態度、行為、事件，甚至是氣味、氛圍等，皆會產生自動神經系統的啟動與觸發。這可說是情緒按鈕的爆發，是你再一次的被自己過往受傷受挫的負面情緒霸凌、操控和威脅。

情緒按鈕是由心理陰影與投射、移情等各種心理癥結所組合而成，是那些生命曾經受苦和受難的時刻，是不被愛的恐懼、憤怒、悲傷、嫉妒、無助感和無能為力等。深入探討自己情緒的觸發點，有機會了解每一種情緒的背後都是未結痂的傷，尤其是童年時期的傷痛。

童年遭遇創傷的孩子，在成長過程中，常成為一個不懂「善待自己」和「照顧自己」的人，這是因為他們從未得到適切的照顧，也未被視為一個需要穩定、安全的愛的孩子對待。

諸如暴力、情緒虐待、慢性羞辱、謾罵咆哮怒吼，以及不穩定的照顧環境和性情不穩定的照顧者，都會造成高壓的生存處境，而讓孩子過早的體驗到對生命和生活的無力感和無助感，並累積對身心的慢性損害。諸多影響包括：

1. 後天學來的無助感和羞恥感。
2. 產生負向的認知，包括負向的自我、負向的世界、負向的未來。

3. 產生悲觀的３P（個人化、普遍性、持久性）註。例如：都是我的錯、都是我害的、我永遠都是這麼糟糕。
4. 扭曲的負面自我認知：我是不好的、我是不配的、我是有瑕疵的。
5. 對身體造成重大損害，例如身體不時的疼痛，以及各種身心不適症狀持續發生。
6. 壓縮或去除可以感受正向的心理空間。
7. 感到痛苦時，需要高度轉移焦點至其他引發慣性成癮的行為上。
8. 人際關係重演童年痛苦模式。

逆境童年的複雜性創傷反應是相當複雜的形成，絕非簡單或單一修復方式或治療技巧就可以簡化因應。更多的時候，童年遭受創傷經歷的人並未能辨識出自己的經歷所帶來的損傷，尤其是內隱的反應機制與運作方式，造成對自己產生不

註：會阻礙個人復原力的３P，分別是：1. 個人化（Personalization），認爲壞事的發生都是自己的錯；2. 普遍性（Pervasiveness），認爲消極事件會影響到生活的各方面；3. 持久性（Permanence），認爲事件的殘餘效應將永遠存在。

利的念頭、感知和行為，這也是形成慣性消耗的原因。

對自己的損傷和所受的影響能有第一步覺察和認識，是重要的開始，讓我們對自己傷痕累累的生命能抱有慈悲關懷的態度，並以毅力和接納的心，陪伴自己踏上療傷生命的旅程，即使不知道何時能終了傷痛，但因為愛護自己的心，也不再輕言撇下自己和否決自己。

關於傷痛，我們都要以「愛護生命」做為信仰，才能在悲傷中，滋養出復原力。童年逆境的苦痛，是生命慢性的失落和疼痛，我們要做的，是試著對自己進行理解和回應，而不是持續無意識反應（制約）。對自己的情緒發展回應的能力，而非防衛性的自動化神經反應，並跟自己的情緒進行調節式的對話，緩緩的告訴自己：「你有新的能力，你已是一個成年人了，你已經能開始運用不同的方式照顧自己、保護自己，並對外溝通和表達。」試著不再任由情緒腦內爆發，炸得自己粉身碎骨、遍體鱗傷，並且願意把自己視為一個需要被好好療傷、好好陪伴與支持的「受傷的人」。

情緒創傷可說是最惱人的身心健康問題之一。所影響的層面，從個人的內外在，到與他人及環境的連結性，處處皆有影響。

失去調節功能的情緒機制，不僅讓人陷入無助及脆弱，同時又讓人啟動強勢的防衛，以爆裂方式欲獲取不再受傷的生存機會。然而，這卻使我們更容易陷入僵局和無限循環的失控和衝動，將內在的失衡和衝突，轉移成和外在的對抗和敵對。當我們個體像深埋了無數地雷、炸彈，內爆和外爆不但讓人抓狂，也令人洩氣，長久下來，更是讓身體承擔難以負荷的壓力，以致病痛如影隨行。

若這是你已能自覺的情況，那麼，以「愛回自己」、「讓自我自由」的信念出發，**透過反覆、重新的自我梳理與引導，還來得及療傷止痛，讓內心的戰事終止，還給內在真正的和平，讓生命休養生息，成為可以預期的幸福領土。**

此外還需知道的是，關於發展性創傷（又稱複雜性創傷）的治癒歷程與方法，皆需要多元資源和多元協助，絕非一時片刻的觸碰或談論就可以修復和重建。這需要涵蓋身體神經系統重建、心理認知與情緒修復、營養均衡、睡眠品質建立、增加身體肌力與機能、人際關係支持、靈性精神超越個人限制等，全人式的療癒歷程才是妥善的處遇與關照。

04

你所不知道的大腦風暴

過往的生活環境若長期處於不安全感之中，除了會造成複雜性創傷後遺症，還會在我們的神經系統形成過度防禦的反應。所謂過度防禦，不是正常含有理性功能的防禦。

含有理性功能的防禦，真正的防禦目的是保命並降低危害性、解決危機，通常這樣具有功能性的防禦機制是受過訓練的，例如救護人員、消防人員或受過救難訓練的人士。

但若是一種來自生活不安全的經驗，例如家暴（精神與肢體暴力）、情緒高壓虐待，或是不穩定環境帶來的各種變動及適應困難，皆會讓幼小的生命激發強烈的不安及恐懼情緒，不得不時時刻刻經歷一種主觀感知上的生存威脅，處於高壓緊繃中。

這樣的情形將造成個體後來對於「安全」與「不安全」無法辨認，幾乎任何時刻都感覺到不安全，讓個體不斷激發不安全感反應，被迫認為自己時刻都有生存上的危險。

根據美國精神病學教授史蒂芬・W・波吉斯博士（Stephen W. Porges）的發

現，人的自主神經系統會依據感受到的安全程度產生三階段反應：

■ 安全：感受「社會連結」（Social Engagement）

■ 具威脅感，不安全：「攻擊或逃跑」（Fight or Flight）

■ 極具威脅與極度不安全：「凍結、關閉」（Freeze、Shut-down）

基本上，生活事件皆由個人主觀認知判斷，其解讀及判斷的意義對個人而言，若是不確定或深感威脅，會引起焦慮；若事件的意義是挫折和打擊自尊，會引起憤怒反應；如果事件的意義是失落和沮喪，則易引起憂鬱反應。

倘若童年成長於充滿負面、否定及攻擊的環境，那麼我們自動化模仿及經驗到的，會是以負面情緒為主要反應，並且以否定的態度來看待他人和自己。

這時你可能會產生許多矛盾行為和情緒狀態，也會夾帶一些防禦性的反應在其中，例如你害怕被討厭，就越表現討好；你拚命去討好，或許在掩飾自己的討厭；你厭惡自己，於是必須討好別人，誤以為別人不討厭你，就代表你是好的。像這樣在兩極之間無論是討厭或討好的矛盾或反向行為，都可能來自你內在的分裂，因為你拒絕和厭惡自己，無法接納和接受自己，才必須拚命努力向外表現和證明自己有多好。

如果你可以不要這麼討厭自己，或許你也不需要那麼努力去討好別人；也不需要因為討好別人不成，而又那麼費力的去討厭別人、討厭世界。但是，不論是討好或害怕被討厭，都來自內在極端拉扯和自我分裂，極端兩極化（全好全壞）的看待自己與別人，導致無法統合協調這些具有矛盾性的感受和經驗，而無法達到和諧平衡的共容。

不成熟的防禦機轉，常做出無效對應

「教育百科」中記載，心理防禦機制最早見於精神分析創始人佛洛依德（Sigmund Freud）醫師的著作《防禦性神經精神病》（*The Neuro-Psychoses of Defence*）。美國精神病學家喬治．華倫特（George E. Vaillant）將其羅列為數種心理防衛機轉並分為四類：精神病的防禦機轉、不成熟的防禦機轉、神經症性防禦機轉及成熟的防禦機轉。

就分類來說，一級的防禦機轉是屬於自戀防衛機轉，包括否定、歪曲、外射，是一個人在嬰兒早期常常使用的心理機制。早期嬰兒的心理狀態，屬於自戀的存在狀態，即只在乎自己需求，只愛戀自己，不會關心他人，加之嬰兒的「自我界限」尚未形成，常以為外界環境是為滿足自己的存在，理所當然的以自己的體認去認定世界，因此常發生否定、抹殺或扭曲事實的情況，這些即為心理機制中的自戀心理防禦。

二級不成熟的防禦機轉，以退行（類似退化行為）、投射、疑心、表演及幻想為主，此類機制常出現於青春期，成年人亦會出現。社會上常說的「中二行為」，通常指向這些不成熟的心理防禦現象。

第一級防衛機轉和第二級防衛機轉皆偏向原始防衛機轉，未加入自我的成熟程度和處理方法，而是較為本能、直覺的方式。到了第三級防衛機轉，算是開始要轉化、進化為成熟的防衛機轉（第四級）。

第三級的防衛機轉是神經性心理防衛機制，這是兒童未成熟的「自我」進一步朝向成熟的過程。

這時兒童逐漸能分辨出什麼是自己的衝動、欲望，什麼是現實的要求與規範後，在面對及處理內心掙扎和衝突時，所表現出來的防禦性心理機轉。直到自我成熟了，此時第四級成熟的防禦機轉才是真正具有功能性、社會性的自我，所自控並處理、協調、整合的歷程。

成熟的防禦方法不僅較為有效，還可以實際解除或處理現實的困難，並在滿足內在本我的欲望與本能的同時，也能被一般社會文化所接受。

從前述防禦機轉的類型便能明白，往往令個體產生很多無效對應的防禦行為，例如自戀性防禦機轉、不成熟防禦機轉，還有介於快成熟轉化之前的神經性防禦機轉，都會令一個人處於「本我」和「超我」極為衝突、掙扎、痛苦的情況，不斷以心理防禦造成身心過度消耗，也做出很多讓事情更難處理的行為，像是迴避、否認、退行、幻想、投射、內化；或神經性的防禦，例如合理化、壓抑、自我欺騙、補償或轉移。

雖然神經性的防禦系統已能略顯自我保護的功能，但若缺乏有意識的覺察及自控的介入，那麼這些防禦性機轉，仍可能造成個體不自知的無效對應，並導致無法覺知的情緒消耗。

畢竟，為了抵抗某些不愉快及痛苦的情緒，又意圖迴避事實真相的情況下，個體需使出渾身解數，才能自以為成功迴避威脅，可想而知這個過程有多麼耗損。而過度的防衛反應，容易造成後續神經敏感的狀況，事事都有反應、處處感到不安。尤其是「投射」的防衛機轉，一個人為了鞏固內心的安全感，反而把外界都想成敵意和不安全的來源，因而精神緊繃、精神耗弱。

習慣把受困的情緒投射於他人

所謂的「投射」指的是一個人看見的世界及他人，都來自於自己經驗的投影及解讀，而非客觀事實。

如果你沒有意識到你累積的經驗如何影響自己，又如何決定你的行為及思考，以及怎麼啟動你的情緒感受，那麼你幾乎不可能覺知、明白，你對世界及他人的認定及觀點為何是那樣界定、那樣解釋？而這些都是由你的「主觀中心」塗上色彩，描繪而出。

看見一個不笑的臉孔，有人解讀這個不笑的人是冷漠，有人解讀這個不笑的人很有個性，有人則解讀這個不笑的人正經驗一件煩憂的事。這些解讀可能與事實中那個不笑的人的處境或狀態相同或完全不同，但在還未確認前，所做的解讀判斷，皆是猜測者投射自己的主觀經驗所做的判斷。

這世界有非常多的投射發生，自顧自的解讀和評價，把自己所認為的理所當然套在別人身上，覺得別人一定是那樣，然後再自以為是的檢討他人或勸誡他人。不只我們可能對他人進行這些投射，我們也會經歷不少被他人投射的過程，像是被當成假想敵、被想成是必須打敗和消滅的對象，或是被諷刺、嘲笑我們的行為是出於愚蠢動機、惡質念頭。

為什麼這世界的「投射活動」不會終止呢？一方面，「投射」是起於「防衛機轉」，特別是當個體迴避面對自己的問題（無論是關係問題或是生活困難），而把問題丟給外界，並找到一個針對的對象，毫不猶豫的進行各種敵意的投射、評論的投射，來讓自己好過一點。彷彿只要能讓別人墜落或不幸，自己充滿混沌和差勁的人生，就不會那麼糟糕了。

另一方面，「投射」來自內心受困的情緒，尤其是難消化、難平衡的情緒。像是看見他人過得快樂、輕鬆，就不由自主覺得自己被對方的快樂和輕鬆「傷害」了，產生「為什麼我過得這麼不好、不開心，你卻那麼開心、輕鬆的生活？憑什麼？」的心態。

黛比·黛娜（Deb Dana）是一位臨床心理學家，她出版過許多關於複雜性創傷的書籍，幫助人們如何理解這些模式及其觸發因素，以及如何於現實世界應用。在她的《柔性塑造》（*Anchored*）一書中指出，為了感到安全，我們需要三個核心建立：情境、聯繫和選擇。

一些激烈的情境，例如與夥伴爭吵或和伴侶意見不同，甚至僅是一條令人不喜歡的訊息，這些小情況並不會真的威脅到生命安全，但我們的反應卻像是攸關生死、如臨大敵。

這是因為身體（我們的生物性反應）習慣以同樣的方式對待大多數感知到的威脅（這些威脅感可以不具客觀事實），此時各部位的神經相互聯繫，久而久之形成制約的神經系統造成過度反應，除非我們重新聯繫，重新調整神經系統的模式、建構調節的能力，並創造安全和連結的自律神經通路，以更大的安全感和輕鬆態度來因應大小事，慣性的威脅和不安全感才不會再過度及過快的激起自主神經的激烈反應，使我們瞬間耗竭。

而這些難以平復和安靜下來的激烈情緒，許多的來源，來自我們童年所經歷到的外在世界；讓我們感知到的「生存威脅」，許多時候也是重演內心深處的心理傷痛陰影，尤其關於「缺乏」、「不足」和「失落」等讓自己窘迫的情境。

在失去獨立分化建立情緒界限的狀態下，我們內部受外在刺激與內在激發的痛苦情緒淹沒，同時，這些痛苦情緒也無法抑制的往外洩出，侵擾著外在環境，甚至是在人與人之間，彼此相互的情緒侵擾與宣洩，把不屬於對方的事情或問題，毫不猶豫的投放在對方身上。

沒有情緒界限，也等於沒有情緒空間，不讓情緒有屬於它的空間，可以被承載、被沉澱，以及被摸索與體會的機會，反而是未經整理和觸摸下，更缺乏對情緒經驗的理解和尊重。所以不論經歷多久，不論經歷幾次，在類似的情緒激發中，彷彿都像是剛經歷的一樣，還是那麼的激昂、痛苦和充滿壓迫。

這是我們內心的不安全感、偏執的「小我」執著於「這世界怎麼可以和我期待的不一樣？這世界為何可以這樣對待我？」於是，困在一直膠著、無解、凍結和固化的心境中，忿忿不平的持續要找到該為這一切不幸負責的可惡對象。

此時，我們成為自己情緒的奴隸，受情緒操弄與支配，並且以「情緒」為霸主，受盡自己的情緒壓迫和霸凌，再把反覆受苦和痛苦的感受，往外宣洩、複製和爆發，也侵害、侵擾別人。

爲自己與他人保留一個情緒空間

如果，你能夠保有內在的靈性、慈悲懷柔，盡可能不成為「小我」的奴僕，不受「小我」各種防衛手段的折騰和折磨，不為了要「贏過別人」、「獲取生存的保障」，或是為了「高人一等」的虛榮心作祟，而失去了對生命抱有關懷與同理心。

那麼，我們會有一個機會，讓意識超越困頓的僵局，擁有一個對生命接納、容許和尊敬的空間，讓自己在各種世俗的痛苦情境中，以深具愛與慈悲的覺察，體察這些人性的痛苦與掙扎。

這必然十分不容易，因為困陷在混亂的情緒心境中，也容易喪失靈性轉化的悟性，被眼前的糾葛和混亂現象綑綁、淹沒。

你若希望不要反覆深陷在內心的深淵和陰暗角落裡，那麼我們需要具有轉化的能力和力量，為黑暗不明的處境，帶進一道理解和尊敬的光，使我們朝向靈性更高層次的昇華與領會。

在生活充滿膠著及混亂的牽扯，以及各種情緒羈絆的情況下，我們的內心多少都感受到內在與外在環境的相互牽動，糾纏出理不清的人際及社群活動，但還是要試著理解每個人都有權做自己想做的事，即使我們並不認同。這同樣代表，自己也有權決定如何解釋及看待他們的話，我們都可以給自己與別人保留一些「情緒空間」，慢一點回應，甚至不回應也無妨。

事實上，當我們能深刻理解「憤怒是某人創傷的重現與投射」，在我們經歷到各種他人表達或表現出的憤怒，甚或是經驗到自己的憤怒時，我們都能夠清楚的辨識那些正是「創傷」的傷痕所幻化而成的嚇人情緒，人們在當下所呈現與表達的，恐怕早已分辨不出情緒的源頭究竟從何而來？

那麼，請以慈悲的胸懷放過自己，停止在他人混淆錯亂的投射裡，不斷歸咎原因在自己身上；反之亦是，減少將自己過往的創傷，重演和複製在另一個不相干的人身上，這些理解和釐清，都是對這世界所能給出的一點慈悲和同理心，讓友善有多一點的機會，在我們的世界存在、發生。

你可能從小沒有獲得實在的關愛、陪伴及正向情感照顧，我們的負面情緒因此持續累積；雖然你可能也會自動化的想逃避自己的負面情緒，卻還是留下許多面對負面情緒時產生的更大恐懼及無力感、挫折感。

如果有這樣的心境，試著讓內在的擺盪和對立緩解一些吧！我們的內心可以降低一些防禦機轉，學習安然接納自己，也接納客觀世界的運作。每個人皆有獨特的生存模式和風格，不用被切割、分裂和極端評價。

05

失靈的心智系統

你把能量和情緒花在「抱怨」，能量和精力會在抱怨中消耗；你把能量和情緒花在「建立」，能量和精力會在建立中消耗。兩者都累人，但「抱怨」不會讓你得到實質的回饋，「建立」會讓你漸漸看見並獲得回饋。

習慣抱怨，導致內心封閉虛弱

抱怨最大的影響是使身心付出代價，超出你的身心預算，後果是讓你感受到更多不好的感覺，也讓周圍的人一起承擔了受苦的感覺，直到所有人都精疲力竭、消耗殆盡。

抱怨，是習得無助者的慣性行為反應，起因是對壓力源的迴避反應，因為覺得自己什麼都做不了、做不到、控制不住，覺得自己沒有「能力」和「方法」，因而慣性使用童年無效的對應策略，或模仿童年某個重要他人面對事情的態度，而無意識的以抱怨做為生存的防禦模式，將自己無能為力的習得無助感轉嫁給環境，認為都是環境不能帶給自己舒適和安全的感受，自己無法控制也沒有影響力，什麼也無法調整和改變，只能任由環境或他人的各種行為對待，這樣的情況下，唯一能做的只剩抱怨。

抱怨，是一種無底洞的消耗，除非意識到並設停止線，或能做到即使抱怨，也要在覺知中，盡可能用最少的身心及人際成本，讓抱怨告一段落。

人喜歡追求安全感，也因為需要安全感，而自動建構了看起來很穩定的生活方式。有一定的生活秩序、穩定生活與作息，這固然是好事，能讓我們規律運作，維持工作和休息。但要注意的是，穩定規律的生活，是否也形成一個巨大的防護罩，讓自己養成封閉的生活態度，拒絕與人接觸，只想過自己的生活，製造舒適圈，漠不關心周圍環境。

這些封閉固化的生活型態，可能會令人產生封閉的心理狀態，以一成不變的思維方式因應生活，容易造成自我中心的固執僵化，也使我們不再知道怎麼和不同的人互動及調整，換位思考的社會性能力因此變得低弱。

當一個人社會性能力較弱，同時缺乏與人互動及協調的社會溝通技巧，再加上很難自我調節與自處時，那麼不適應的抱怨言行勢必會不停增加，造成難以調適的狀況。

缺乏換位思考的自我中心

「自我中心」是未成熟自我的狀態。只有成熟的自我能夠進行換位思考，以及趨近客觀事實的釐清問題、了解現象，而不會以偏概全，或將自己既定的認知或感覺，當成是客觀真實的世界。

自我中心的人最常見的反應，是以過往主觀經驗，就認定現在的人事物一定是怎樣的情況，例如，因為過去在家庭和父母處不好，就認定現在的權威人士、長輩一定也很難相處，或一定會找人麻煩。對人事物的觀點幾乎沒有轉圜的餘地，也不去接觸、認識及了解，就非常快速、偏頗的，以一種「絕對性」的態度去斷定，當然也無從自他者或客觀的角度去了解，真實的現象可能會是什麼。

因此，自我中心是屬於封閉的心智系統，會呈現失靈的狀態，無法有效處理問題本身，而更容易陷於自我想像、內心戲、自我偏誤的解讀，而且幾乎無法和別人討論，也無從去接受別人的觀點。

以一個家暴家庭來說，無論是肢體家暴或精神（情緒）家暴，都可以觀察到這樣的家庭裡會有一位自我中心者，表現出「我說了算」、「不聽話，你試試看」或「你不准反對我的意見」等自我中心的自戀人格型態。這種無法認知到自己是自己、他人是他人，把他人做為自我的延伸、擴張，為了滿足自己的欲望和期待，他人都該照做且完成，否則他人就是虧欠自己、不稱職及可惡。

自我中心是一種無法區分自我和他人的分別，非常慣性的以自己的認知或角度去設想事情，也認定他人應該是同樣的想法和做法。對於另一個人有自己的獨立人格、獨特性，以及擁有個人的意志權利，幾乎是一無所知。

一般來說，早期的生命階段，從童年到青少年較為自我中心是可以預見的，不論是個人的人格未成熟，或大腦發展歷程中的換位思考及客觀推理的能力都尚在發展，因此童年與青少年階段，呈現出自戀傾向、自我中心（這兩者不同，可以並存），只在乎及關心自己，為了自己的欲望和目的可以不顧現實後果，皆是二十歲之前可以觀察到的狀態，尤其是「假想觀眾特徵」及「個人神話特徵」，更是經常出現，常幻想他人都在看著自己，或以為自己無所不能，很想做最受注目的人，讓大家欽慕或崇拜，以此獲得滿足感。所以常出現「照鏡子」狀態——無論外在的對象或情境是什麼，一切都反照回來，只看到自己的存在，就像一直在照鏡子似的。

這樣的階段，必定會在現實世界裡備受挑戰及打擊，這也是個人自我修正的過程，要具備客觀釐清事實的能力，才有自我修正的能力。相較於兒童或青少年，成人較不似兒童那樣以自我為中心的看待外界，因為成人比兒童更快能從最初自我為中心的觀點進行糾正、矯正，但不意謂成人一開始看待人事物就不以自我中心的觀點看待。

要完全修正自我中心是一項終生任務，盡快修正的關鍵在於能不能經由理智的釐清、核對、資訊處理、推理、辨識、組織等過程，修正自我中心，往客觀、符合現實世界運作的理解進行。

情緒消耗者（包括內耗者）在這一方面是遇到阻礙的，或許是因為人格心智的未成熟轉化，在成人的階段仍沿用兒童時期的自我中心特徵，來應對生活與世界；或是在心智成熟的歷練上，較缺乏經驗淬鍊；又或是理智的理性邏輯推理能力訓練不足，所形成的認知障礙，都可能使內在的封閉系統，繼續慣用自我中心的非理性直覺式思考做主導，反覆以情緒張力做為因應生存的工具及技能，而不是以智識做為個體的運作資源。

運用理智培養覺察力

理智是釐清和核對內外在系統衝突、混亂的關鍵，能建立自我的價值觀和覺察力，降低無意識的情緒自動化引爆，減少陷落的危機。對一個人來說，理智是心智和行動定錨的力量，是一種由上而下，從高層腦統籌下層腦、本能腦的統合性運作。

做為心智系統的最高領導「自體」（Self），以比喻來說，就如馬夫和馬。兩匹馬（理智與情感及生存本能）是你欲駕馭和指揮的生命行動工具，可說是你生命前進的重要夥伴，你需要統馭理智與情感這兩個部分的運作與任務，並克服生存模式所啟動的各種不安全感和威脅感，才能一致前進。

你知道如何運用自己的理智嗎？你知道如何善用自己的情感嗎？大腦是我們整個人狀態、反應與行動的指揮中心，雖然你是一個整體，但你可以想像一下，你的駕駛座是位於你前額葉的位置，這裡能控制你的衝動，也能思考策略，同時還具有調節情緒和行為的功能。

完整的大腦功能，是包含生存腦（腦幹部分）、情緒腦（情緒中樞）和思考腦（大腦皮質層）。大腦的運作與統整性，有自動的部分，也有後天發展的部分，當一個人有辦法、腦筋靈動、學習力強，指的就是腦皮質層的運作，具有調節、連結和分別的處理內外部訊息機制。

在自我身心能量的校準方面，很需要我們的覺察、意識和重新調節情緒作用，也就是我們常說的「照顧好內在」（見圖表5-1）。

在自我成長上，你要想方設法讓自己成為一個離開自我中心，具有彈性移動能力並有自由度的人，不僅是思考上的自由、情感上的自由，還有在行動和生活選擇方面也是自由的。包括可以自由的取捨、自由的贊同、自由的拒絕，當你能承擔自由的代價，這一份自由才會讓你不陷入生存的威脅模式中，使你緊張焦慮、內在警鈴大作。

在確保及建立心智的靈活調節上，減少我們不可調動性下的執著和頑固，不論是從大腦的生理健康方面來看，或從心智運作上來看，增進心智的靈活調節性，可從三個方面著手，這也是離開自我中心、修正自我的重要練習：

1. 多練習換位思考，並且換多點位置，也就是多換角度和觀點。

圖表 5-1　重新校準身心

覺察	意識	重新調節
覺知自動化反應：身體、認知和情緒	過快連結了什麼？我再度以爲是什麼？（既定印象）	看清楚、聽清楚、辨識內在安撫、賦權和強化自我效能

2.從自己最習慣的思考面向，換到反方的角度再思辨一次。

3.在既定的思考觀點及反應後，要練習多想幾個可能性因素及多元觀點。

從你經歷情緒消耗的經驗來看，無論是他人的自我中心，或是自己的自我中心，我們都要練就能從被自我中心綁架和情緒威脅中，移動自己的角度和觀點，不再像如臨豺狼虎豹的小白兔或小綿羊，陷入要變成他人晚餐的不安全中。

從認知理智上，試著去辨識和釐清，他人的內部系統有他人的形塑過程，這是你無法處理的。但你的內部系統是由你控制的，也必須由你擔任起領導者、指揮官，及早提升最高領導中心的思考位置，啟動靈活的策略思考，不受限自己過往主觀經驗的強勢涉入，而忘了如今當下的自我能力，而是能進一步進行彈性處理的思考和處置。

若要不再深受情緒消耗之苦，那麼你需要領悟，你越能不再受過往主觀經驗束縛、綑綁，如今的你就越能自由、靈活、自在。

Chapter

2

我們承受著情緒消耗而不自覺

06

競爭的社會沒時間停下腳步

為什麼我們一直在身心消耗？為什麼情緒消耗的情況持續在生活中蔓延？活在「要成功、要出類拔萃」的社會集體意識中，我們從小就被告知要非常努力、要贏過別人，絕對不能落後和輸給別人。不只要我們不能輸，還要催逼我們不要輸在起跑點，一切都要比別人更快學會、更早獲得。

長大後，在資本主義下的工業與商業模式運作下，為了追求利潤和財富，不論是對待環境資源還是動植物生命皆是如此，一切只從利益出發，鮮少在乎損害和後果，更沒有永續的觀念，長久以來不顧慮人的心理資本，也缺乏資源能量會用盡的體悟，剝削與耗盡更是屢見不鮮，難怪有人一直「社畜、社畜」的喊自己，對生活充滿著無奈與怨懟。

若是個體因為長期投入資本主義社會的運作，喪失了身為人的主體意識和覺知，持續失去自我維護和生命關照的覺悟——「忽略自己是人」，只是不停陷入資本主義社會長期追求效率、快速、成功、頂尖的忙碌環境裡，這將造成人無法察覺自己的存在，也無法獲得身心安穩的平衡，於是幾乎每個人都在被大環境殘酷的消耗著，直到失去了自我。

這是很矛盾和弔詭的情況，在長期重視資本的社會環境，卻對一個人的身心資本不甚關切，知道組織或公司需要管理和有效運作，卻對人的能力發揮與善用並不關切；只是在耗用，認為消耗一個再換一個就是了，這是許多管理層常見的想法和心態。這種本位主義的組織或單位，可能要等到真的不再有人力資本的優勢後，才可能真的覺知到自己過往嚴苛和不善待人的心態，最後自食惡果。

我們來試著從這些複雜的構面解析，從大環境因素到個體內在系統的交互作用，一層層看見消耗的問題是如何在個體身上發生。

漠視心理資本將造成致命傷害

先說明一個概念：「心理資本」（Psychology Capital）。此一概念是從正向心理學（又稱積極心理學）發展而來，最先起源於正向心理學推動者馬汀・塞利格曼（Martin E. P. Seligma）教授的分析與觀點，他認為快感和幸福有所不同，快感是即時且短暫的，並與感官相聯繫，但幸福的人生不能建築在快感的基礎上。

依據塞利格曼的看法，我們之所以感到幸福，是因為具有高尚的目標和行為。追求幸福的活動通常具有挑戰性，必須身心投入，一旦投入了，我們就會全神貫注，為自己設立目標，經常評價自我表現，其最高境界是忘掉受限的自我，進入「心流」經驗，內心體察著充滿價值感和滿足的自我實現，因而達到幸福的高峰經驗。

如同一些作曲家、藝術家、創作者、劇本作家，在全心創作與完成自己的作品同時，作品也回饋給他們更深的自我連結及更廣的自我超越。然而，許多人在投入的過程中，可能會發生兩個問題，**一是並未選擇真心想望成為自己的目標，因此大多時候都是在順應環境、滿足別人的期待；二是過程中並非在投入而是不斷在消耗，很少積累成就感或正向感受。**

在毫無個人核心價值理念的情況下，要能領受到全神貫注、全心投入的歷程並不容易，反而是出於恐懼和焦慮，害怕自己達不到別人標準，過度付出與努力後造成的心力交瘁。

究竟是幸福？還是耗竭？當中的差別是由非常多因素造成的，而我認為首要關鍵在於，我們是否有覺察心理資本的狀態與運用方向，這是關於自己的心理能量和資源是否妥善利用的問題。

在塞利格曼教授提倡正向心理學的發展後，幾位學者專家於二〇〇四年以正向心理學及正向組織行為學為基礎，提出以人的正向心理力量為核心的「心理資本」。這裡提出的心理資本是一種和經濟資本、社會資本、文化資本或人力資本一樣的概念，如果人們的資本只有支出而不投入，早晚要枯竭耗盡。其中，心理資本特別關注「你是誰」及「想成為什麼樣的人」，這是一個人具備發展性、可塑性與未來性的內在正向發展資本。

資本依照個體本身的差異，有大資本或小資本之分，如同創業投資，每個人的資金不同、資源不同，擁有的資本規模就有所不同，這也算是我們做為人的「人類資本」綜合評估。人生起步和際遇人人皆不同，但無論如何，如果對自己的資本無從掌握、認識不清，都會造成嚴重虧損或耗盡，不僅無法獲利、獲益，還得不償失。

以追求快感來說，是人從心理資本的帳戶上支取認知和情感資本，運用大量感官刺激、高度情緒運作，想刺激大量多巴胺來感到愉悅，獲取更多欲望滿足，來迴避痛苦及失落的體會。這種操作方式是我們造成心智與精神快速耗弱虧空的主因。

追求幸福則不同，是在心理資本的帳戶中投入、儲存。依據正向心理學的定義，追求幸福來自表現一個人的長才和美德、實現自我價值，若是追求快感、貪欲，則不僅欲望不會得到滿足，還會增生更多不滿足感，那麼心理資本非但沒有增值增產，反而會因為不停耗損，而快速身心失衡，並感到極度的虛空和無意義，讓人懷疑人生。

心理資本究竟是什麼？那是由四個構念組成：希望、樂觀、韌性、自我效能。這四個部分的體悟與領會，會決定是增加個體心理資本，還是消耗個體的心理資本，甚至掏空、虧損，難以收支平衡。這四個構念的意涵包括：

希望：讓個體對目標努力不懈、堅持到底，並具有想方設法達成目標的決心。

樂觀：個體對所發生的事件成敗能有正向歸因能力與觀點。

韌性：當遇見挫敗時，個體能夠適時恢復，甚至超越過往的狀態水準，具彈性修正進而獲得成功的能力。

自我效能：個體面對具挑戰性的任務時，有自信在付出必要努力後能夠成功，是一種相信自己「有能力」的認知信念。

「心理資本」大多被運用於職場的組織管理方面，根據許多有關心理資本的研究，發現員工的心理資本構念，對工作滿意、組織承諾與工作表現皆呈現高度正相關，不僅如此，在正向組織行為能力的推動和發展上，心理資本也被視為針對組織員工所需要具備的評估內容。

然而，當一個組織或一個社會對心理資本概念一無所知，也不重視時，不僅員工或組織成員的心理資本不會被善用，也可能因為組織環境是最令個體感到消耗、內傷的來源，造成在組織中擔任職務的個體無所適從，還處在惡質、負面的組織人際文化中疲於奔命、消耗殆盡，導致原本正向的心理資本也可能轉成負向。

究竟一個人，在一個職場、一份工作中是具正向自我發展的趨勢，不斷累積正向心理資本？或是每況愈下，總是在工作中質疑自我的工作意義，無法停止感到疲累倦怠？雖不能全歸因於外部組織與環境的風氣、氛圍及管理方式，但不良的環境肯定會使個體身心消耗，這是必然的事實。

姑且不論大部分的組織、環境皆不重視成員心理資本如何蓄存、善用、增值，就現實面來說，一個不良互動且漠視生命發展需求的環境，必然會為個體帶來許多不適應症。

在我的心理諮商實務工作中，遇到不少因為不良組織與環境所引起各種情緒調節障礙的個案，有點難解的問題是，如果這樣的組織與環境是普遍存在的話，那麼他們還能有什麼選擇？就如同許多人問過我：「離開這個坑，真的就不會掉到下一個坑嗎？」「真的有所謂的『好團體』、『好職場』嗎？」無怪乎，有些人一對職場與生涯感到無望，就立刻有厭世反應，想要「躺平」來應對人生。

就現代人來說，我們已經不用像遠古時代的人，靠追趕和奔跑去獵殺動物以獲得飽餐一頓，同時我們也不用擔心會成為野獸的晚餐，脫離了小心翼翼避開被鎖定為食物的命運。然而，對二十一世紀現代人的生活型態而言，最可能致命的危險是「壓力」。

「壓力研究之父」加拿大新陳代謝與內分泌學家漢斯・薛利（Hans Selye）提出，一般適應症候群共有三個階段：警覺、抵抗與衰竭。

警覺：當有機個體遭受刺激後，腎上腺皮質細胞釋放含有賀爾蒙的微粒到血液中，使有機體具備防衛能力。若個體能忍受刺激強度並順利存活下來，則會進入「抵抗」階段。

抵抗：有機個體可以忍耐並抵抗長時間刺激源所帶來的「衰竭」效應。

衰竭：若刺激源持續長時間或持續高強度，有機個體則因身心資源消耗而進入疲憊期，使身體沒有機會進行修補與恢復，造成衰竭。此時身體失去抵抗能力，容易受病毒感染或招致疾病（也就是我們時常說的抵抗力弱）。

薛利曾說：「每一次的壓力都會在生物身上留下不可抹滅的傷痕。在壓力事件過後，為了生存則要付出老化的代價。」他也曾說：「人人都知道壓力，卻沒人能真正的了解它。」那些長期或慢性壓力，不管它所造成的結果是好是壞，長期累積下來，都是嚴重影響身心健康及生活品質的來源。

壓力讓人處於耗能的生存模式

不論是我們的生活環境，乃至職場環境、社會環境，最消耗我們情緒的起源，可能是我們對自己所處的壓力毫無感知，即使有所感知，又因為深感無力和無助，而更覺得無所盼望，更加的沉悶及壓抑。

就我長期對情緒調節發生困難者的觀察，很常觀察到人啟動了生存模式卻不自知，充滿著威脅感及強烈的生存不安全感，導致身體疼痛、情緒惡劣。在第一章，我提到許多人身心內部的作用，因為各種原因，會持續處於生存的不安全狀態中，生存環境或生存本身對他來說，都極為危險。

許多事實情況並不會威脅到生命安全，直白說就是並不會死，但往往對不安的人來說，情緒反應顯現出來的張力卻是攸關生死的，心中不斷冒出來的聲音也是「我死定了」、「我毀了」、「我完蛋了」。這是因為身體（我們的生物性本能反應）以同樣的方式判斷及認定感知到的訊息是具有威脅的，（即使這些威脅並非客觀事實），例如文件有錯字、通訊上有遺漏訊息，或感知到所接觸到的人態度並不客氣等。

雖然並不致命，但自主神經系統感知到的威脅感卻很真實，因此立刻啟動生存模式，猶如一隻待宰羔羊似的感到危機四伏、命在旦夕。此時各部位的神經相互聯繫、串連，以極快又極強的反應，準備進行生死之戰，這也是長期制約下的神經系統所造成的過度反應、過度緊張，這往往和我們從小處於常被罵、被打、被挑剔、被碎念和被否定的經驗有關。

一個人若無法當下覺知自己迅速的自動化神經系統，已啟動大量的威脅訊息，以致身心都在備戰狀態，不是慌張的想逃，就是想要猛烈的攻擊，只要無所覺知，便立即沉浸在這樣主觀的危險狀態中，並失去客觀評估及審視的能力，了解究竟危險程度到哪裡？真正的危險是什麼？要進行的化解策略或因應技巧是什麼？

當我們啟動的是生存腦和情緒腦，而非是上層的理智腦進行整體的統御和運作，那麼要能合情合理的面對和處理當下的情況，都會變得極為困難。

例如有人遇到主管、老師，或家族裡的長輩、公婆，內心的慌張和壓迫感立刻衝入腦門，引動全身的緊繃和僵硬，口齒變得不清，混亂跳動的心跳和急促呼吸，讓他更加焦慮、緊張，以致腦袋更是缺氧，一片空白，聽不清楚外界的話語，即使聽到了，也可能誤判覺得對方是在攻擊或為難自己，造成更大的威脅壓力。

這種相近於「權威情結」的反應，即是自主神經系統因為過往主觀經驗的解釋和判斷，把認定的權威人物定型，並且強烈的判斷及暗示自己，權威人士非常強大，足以把自己踩死、捏死，自己在權威人士面前，是極為弱小、無能、無助，且輕易可以被宰割的小動物。

尤其在人小時候經歷過情感創傷，這些情感創傷是由重要關係中他者，特別是我們有所依賴、依戀需求的人，他們對我們進行了人格、自尊和自我價值上的傷害，並造成了情感上被背叛、忽略、排斥、遺棄等感受及經驗。

要特別注意的是，這些情感創傷都不只是一兩次重大事件所造成，而是一段生活經驗，以及反覆遭遇相似的受虐或受傷情境。

一個人在當下遭遇反覆情感創傷時，也許一時無法離開，例如年紀太小或還不具備生活能力，又或是自覺無法離開，不論是什麼原因，當個體還處於同樣的環境，不斷承受相似的情感傷害及虐待時，他必然會下意識去記憶、儲存相關的創傷細節，並在這些經驗中補抓和擷取許多他認定的線索，做為知道會發生不好的事的資料，並且在生物性的生存系統反應上，成為生存必要的偵測條件，盡量降低和減少壞事的發生率，也就是所謂的「趨吉避凶」。

很多人主動擷取的危險線索，是從過往童年或青少年遭遇過的創傷情境中學習而來。在人際方面，最常抓取的線索是他人的面部表情，這是人們最快感受到不安全、威脅、危險的訊息來源，像是冷漠、不屑、忽視、生氣、敵視、兇狠等的眼神和表情，只要一收到這樣的表情，情感創傷的經驗與記憶立刻勾取，一下就在大腦中爆發強烈的生命威脅感，從而啟動了最立即的生存模式。

只要啟動了生存模式，人想要不焦慮、不緊張，要能夠安穩、自在，這就成了極大的困難和挑戰了，因為沒有什麼比生物的生存需求更強勢的本能與動力了，為了要生存下去，一切的思考及「慢想」計策都會拋在腦後，有的只剩下不需思考的快速自動化反應。

啟動覺察，做生命的主人

因此，**要減少情緒消耗，就要降低直接以情緒來偵測安全與否的模式**，因為情緒的感知，在缺乏理智的配搭之下，容易因為過往主觀的經驗，就陷入創傷重現的威脅感和不安全及無助感之中；也會因為啟動慌亂的求生存模式，進而忘卻了自己許多的能力和資源，從而難以啟動上層腦的思維系統，客觀的辨識和探查實情。

在試圖要降低這種警覺、焦慮、不安，害怕創傷重現的減敏感歷程，需要試著增進對自身狀態的覺察。

覺察即是在運用理智，因為必須要反思、回看及注意自己的狀態及反應，才有可能在自己快速啟動不安全感、威脅感後，盡可能找到一條降低緊繃和危險感的身心通路，及時為自己舒緩心情、確保自己的神智狀態慢慢回穩，不全然陷進生存模式的激烈反應中。

此時請參考我在本書自序中提及的，如果你開始有意識要練習成為自己生命的主人，那麼，當你再度受到觸發時，要試著先不慌張，做幾次深呼吸，並連結當下的時空感，不被過往的記憶拉進去，端詳一下真實的當下情境，然後試著問自己：

「現在發生了什麼事？」

「我怎麼了？我的身體如何？我的情緒狀態是什麼？我在想些什麼？」

「我以為是什麼情況再度發生了？我以為眼前的人是過去的誰？」

「讓我再看清楚現在，是否能發現什麼是不再一樣的？」

提供給自己一些思索的訊息，能幫助我們的心智活動走到最上層的理智腦，運用我們的邏輯推理能力，進行更多當下情境的辨識、分析和確認。可以確定的是，你的感受和情緒會很真實，但往往不是你心中以為的事實，除非你能慢慢具有客觀分析和真實的換位思考，發展同理心和真正理解外在世界的能力，你才能稍微的離開自我中心所設定的「危險判斷」。

這並不是指世界都沒有危險和威脅，而是想像中的危險和威脅，和現實中的危險和威脅是不相同的，前者會有無限和無盡的想像和焦慮感、無力感，後者是可以真正去探究和發展處理的方式和資源。這是在減少情緒消耗的歷程中，你需要為自己練習的區辨。

07

僵化的內在信念

為什麼情緒消耗會很難被個體覺知呢？

有一個原因是你沉浸在其中很久了，久而久之習以為常，根本覺察不出來哪裡不妥、哪裡有問題；又像是你在不好的空氣環境中待很久了，久而久之，也聞不出什麼異味了。

對我們的生活來說，什麼是我們沉浸很久，久到察覺不出任何的不對勁，或無法辨識清楚自己其實處於一種情緒消耗和關係虐待中？

有一個可能的答案——僵化的文化環境。這個環境不僅指整體的社會文化環境，還有家庭文化或組織文化所造成的情緒消耗狀況，讓個體無法清楚的知覺自己正在被一點一滴的消耗和剝削中。

尤其是若自幼年開始，即被以各種教養之名所灌輸進內在系統，內化成我們的個人信念，也形成我們的人生腳本，那幾乎是後來人生很難鬆動和調整的。這些容易形成我們的內耗、也易於被環境消耗的信念，我們稱之「內耗信念」。

習以為常的信念卻是消耗的最大元凶

雖然現代的社會科技進步，AI科技大量的運用在生活中，再過十年、二十年，世界將會變化成什麼樣子，我們根本想像不到，因為它的發展太快速了。然而，即便如此，我們所處於的社會還是普遍存在著許多長期代代相傳下來、造成個體身心內耗不已的信念，影響著個人身心狀態，也影響著社會氛圍。

尤其是這些文化框架，常以道德倫理及文化遺產之名，絲毫不考慮到社會情境的改變及人類發展的進步，仍是不停的要求人活在過往舊時代、傳統思維下的自我束縛、自我犧牲及自我漠視中。

情緒消耗中，內耗信念多屬認知偏誤的信念，屬於文化框架的設定和個人非理性推理的思考偏誤。幾乎等於把自己交給他人來決定和支配，因此造成了過度消耗和剝削，也慢慢形成自我消耗和自我剝削。

我們的傳統文化，不乏一些無情、無同理心，並且充滿殘酷與威權的命令及責備，那些命令和責備以「教養」、「管教」、「為你好」等名義，毫無顧忌且不顧接受者的感受，只要自認心理地位或社會地位較高的一方，即可照著自己的想法，想怎麼評價和要求就怎麼評價和要求，使得一些人從小就過度的內化這些評價和要求，並在往後的生命階段中，不斷的受這些被灌輸及內化的信念消耗及剝削。

我們既然不會再穿五歲的衣服，也不再使用八歲時的書包和書桌，但為何我們內建的認知卻還是幼兒時被告知的訓誡和命令呢？有許多過往被視為戒律，不可撼動的認知偏誤信念，失去重新調動與重新建構的機會，不僅令我們動彈不得，深陷心智窠臼，還讓我們生命越活越無力、疲憊。

檢視你的內耗信念，檢視你的內耗信念，覺知自己被哪幾種「理所當然」所綁架，並有意識的避免陷入痛苦的深淵。常見的信念有以下十二種：

1. **努力永遠不夠，要更努力：**這種內耗信念，讓人總以為努力不夠或永遠不夠努力，即使很努力了，也還會告知自己或別人要繼續努力，彷彿一旦停止或放鬆就會發生嚴重後果、人生所有的累積都會化為烏有，因此，不只要努力，還要一刻不得休息。「休息等於偷懶」、「懶惰等於是很糟糕的人」，有這樣內耗信念的人，不僅會事事鞠躬盡瘁，還會把努力當作人生的全部意義，忽略人生還有更多面向值得經驗，並且容易忽視了身心平衡的重要性。

2. **不能鬆懈的自我要求：**這種內耗信念，源自從小就被賦予許多責任與任務，一個目標完成後又有另一個目標待完成，如一個考試過後，要立即準備下一個考試。除此之外，生活環境鮮少存在肯定與支持，充斥著許多否定的聲音，或不斷被揪出錯誤、不停被要求自我反省，不論事實如何，都必須要努力糾正自己。有這種內耗信念的人，幾乎時刻都在自我要求，同時也不斷批判自己，非常耗損自我。

3. **要求完美，否則會被嫌棄：**這類的內耗信念，多源自於原生家庭中有一個完美傾向的家長，他很難安心與自在，並時刻處於害怕沒做好的焦慮中，然後把這樣充滿焦慮不安的訊息傳遞給身旁的小孩。越依賴家長的孩子，越會內化這樣的生存方式，認同必須追求完美表現，以防不夠面面俱到而遭到嫌棄和挑剔的指責和叨念。

4. **千錯萬錯都是我的錯：**相對於自戀型人格傾向的人是以「千錯萬錯都是別人的錯」做為撇開自我責任及避免受挫的防衛心理反應，有此內耗信念的人，是屬於充滿自卑和羞愧的人，習慣以「自己不佳、自己是個錯誤」來應對，這樣的認知偏誤，源自幼年時身邊的家長或照顧者以強烈歸咎及埋怨的方式對待個體，以致個體無法在生活中獲得正向回饋與肯定，也無法培養健全的自信，於是在被強烈歸咎錯誤的對待後，個體無法修正這樣不理性看待自己的角度和方式，持續且偏頗的將發生問題的情況都歸咎於自己，耗損自己的自尊和價值感。

5. **我不好：**強烈的自卑傾向，以及對自我存在予以否定，皆會使個體對自身的存在感到懷疑和虛空。強烈的自我否定所造成的孤寂感和虛無感，讓個體停滯不前並持續內耗，好像自己注定一事無成，生命只能持續匱乏、消耗，直到生命耗盡。即使生活克服過許多難關及挑戰，內心仍然無法轉變對自己的負面觀感。

6. **別人做得到，為什麼我做不到：**這種信念建立在一種比較上，表面上好像是一種自我激勵，實質卻是在比較和競爭的心態上，對自己的逼迫。倘若再加上「因為別人有我也要有、別人能我也要能」的心態，在沒有評估和自審是否是自己真正需要及渴求的心態下，陷入無止境的比較和要贏的競爭中，這將是啟動對自己生命的強迫性消耗，耗盡自己的身心資本，可能只為爭一個面子、爭一個輸贏。

7. **不管發生什麼問題，都是我的問題：**有這種信念的人，是人我界限、責任界限出了問題。同時帶有「個人化」的非理性信念，覺得外界任何事物的發生都是因自己而起、都與自己有關。不但無法分化出人我關係的差別，也無法釐清事物的客觀性，例如看到一位阿婆在路邊賣玉蘭花，就覺得阿婆的玉蘭花會賣不出去都是他的責任；覺得阿婆在路邊辛苦賣玉蘭花，一定都是因為他沒有幫助阿婆，因而受內疚感左右心思。不論他看到什麼事情、問題，都不自覺的陷入一種自我消耗的狀態，以罪惡感或過度承擔的狀態認定問題都與自己有關，因此造成每天都非常心累和疲倦。

8. **凡事靠自己，休想有人幫你：**這種內耗信念來自拒絕相信這個世界的其他人，對這世界的友善和幫助不抱期待。可能是因為過往的童年創傷讓自己失望透頂，也可能因為從小就備受欺凌和傷害，因此對人的基本信任已遭受破壞。這種信念除了堅決要求自己不要期待援助，為了要澈底絕望，有時反而會立下很高的期待，以高標準和高理想來看待他人的幫助，只要稍有不滿意或失落，就又全盤否定，並反應激烈的認為「本就不應該相信任何人」、「對人就是不該抱持信任」。其嚴格的考驗及試探，其實早已在內心建立堅決不依靠人、不信任人的自我內耗信念。

9. **忍耐就對了：**有這種信念的人，原生家庭可能有一個要求「要忍耐」的家長，在個體小時候不論發生什麼問題，比如覺得冷、覺得渴、覺得累、覺得不快樂、覺得難過……這位家長只會抱持冷漠或無可奈何的態度，無法處理問題及協同面對，只是跟個體說「忍耐就對了」、「忍耐就會過去」、「忍耐就會沒事」。然而這種消極、消沉的因應方式，不僅消耗這位家長的生命，讓生命在空轉，也造成接受這樣信念的個體，以為因應生活的問題和狀況，都只能用忍耐的方式，消極忍受，讓生命的能量持續在忍耐中消極的消耗。

10. **我真沒用：**這種內耗信念，同樣建立在一種強迫的態度上，沒有彈性空間去調整對事物及情況的因應方式，並且以人格的羞辱及歧視，來要求自己必須要做到某些目標、達到某些要求。如果一個人內在有這樣的信念，並時常對自己說這樣的信念，即可看出個體對自己的態度是缺少客觀評估，並偏向無情感性的理解，存在大量的自我要求及訓斥，這便會使個體的能量偏向負面的狀態，內心也會存留許多壓迫性的情緒，讓自己活得辛苦及疲累。

11. **你做不到，要你做什麼：**有非常多的家庭自小孩很小時，即開始以這種認知告訴孩子，要成為這個家庭有付出與貢獻的人。對家庭要有付出與貢獻的心不是問題，問題是父母或家長在孩子還不能領略，或還抱有孩子氣的個性時，用了類似威脅及恐嚇的話語，告訴孩子：「如果做不到規範或要求，就是沒用。沒用，就沒有存在的必要。」這種要脅孩子遵從聽話的話語，很有威力，如果孩子非常年幼，尚不了解自己存在的潛質和能力，就接收到「沒有做到別人的期待、沒有滿足別人的要求，就是個沒有用的人」，那麼他的人生接下來就會很難釐清和停止去追求他人的認可和評價。同時為了得到「有用」、「有價值」的評價，過度付出、鞠躬盡瘁、任人予取予求，造成個體生命及各種資源的消耗殆盡，卻都修正不了這樣的信念。

12. **要忠孝：**這是一個危險的信念，因為當「要忠孝」成為信念時，可能不分對象的好壞、不分對象的本質和行為，也無法分辨究竟是不是愚忠愚孝，所以只要是這個要忠孝的對象所說的話、要求的事，甚至是具有傷害和利用的情況，都因為「要忠孝」，而使個體放棄個人的自主性和獨立性，只為了符合必須忠孝的信念，否則就會背負背叛者的不安感，不僅陷入自責、自我怪罪，同時內心產生衝突而混亂不已。因此，不論是維持「要忠孝」的信念，或試圖掙脫「要忠孝」的信念，對個體來說都是一段不容易處理的情緒消耗及自我內耗歷程。

在文化框架的內化下，還存有非常多型態的內耗信念，若要辨識這些內耗信念，除了要提高從社會文化框架及家庭文化形塑而來的認知信念的敏感度，個體也需要更多思辨及反思自己所具有的既定觀點，那些很難鬆動的認知信念，究竟是在促進自己生命的成長與發展，還是在陷落、耗竭、掏空？

這樣的反思和覺知還是要從個體自身的領悟出發，才有提高意識的可能，也才有機會透過反思和領悟，增加對生命選擇空間的鬆動，不再受道德之名的認知信念綁架與制約。

不用「好人」標籤把自己套牢

文化上，我們長期被教導要「為別人」存在、要掏空自己、竭盡所能的為別人付出，因此，我們成為內在匱乏、情感飢餓的人，空洞的內在、乏味無趣的人生，感受不到生命活著的意義和美好。

就因為「為別人」而活，自己成了空虛、空洞的人，於是更加不滿和埋怨為什麼沒有另一個人來「為我而活」？為我無盡付出、鞠躬盡瘁？於是不滿和氣憤開始四處擴散，開始無意識、激動的索討，討人情、討關注、討補償、討回報。內心長久下來的失衡和痛苦，化成無法安息的靈魂，忿忿不平，怨聲叨叨絮絮：「為什麼我要一直付出，沒有一刻是為我自己？而你們卻只顧自己，滿口要求我必須為別人。為什麼我怎麼做，怎麼忍耐都被嫌說做不夠？」

在長期社會傳統文化下，每個人內心都有一個覺得被虧欠的心靈，不被在乎、永遠被嫌還做得不夠、沒完沒了的被要求、被批判。如果，我們只有相互的要求和索討，命令自己和別人「必須為了別人的認可而活、而付出」，那麼，環境中的人將會是無法照顧自己的「空心人」、「匱乏人」，在身心失衡及不健康的情況下，還在做所謂付出的事、還在努力為別人而活，以極度匱乏不足的狀態漠視自己、傷害自己，以為如此能成為別人口中稱讚的「好人」、「好女性」、「好孩子」等。

在所有冠上「好」的身分稱呼上，皆是被認為應該不重視自己、捨己、為別人竭盡所能的提供服務、滿足需求，卻不被視為一個真實的人、不被重視身心健康，也不被體會和理解身心所承受的壓力和痛苦，所謂「非人」的存在，才是文化中被認可的聖人賢者。試著想想，為了當一個「好人」，我們如何與真實的自己失聯。

這種將人「非人化」，漠視人的生物性和存在性，只把人當作期待的工具（如阿拉丁神燈），要你萬能又要你聽話，要你成為別人欲念下的服務者，在代代相傳耳濡目染的影響下，演變成了什麼樣的社會？

集體的創傷、集體的疲倦、集體的耗竭，在反彈而出的各種情緒性索討中，我們仍是對著另一個同樣疲倦耗損的人進行索討，否則就認定對方無情無義、沒心沒肝。在相互強迫和索求的環境下，沒有人內心懂得善待和照顧好自己，更沒有人真的是內心情感富足而充裕，可以在你索討時，有一份支持和理解來回應你。我們早在彼此的要求和耗損中，揮霍和消耗掉彼此的情感能量，坐吃山空，成了一個個內心空虛、匱乏的人，怎麼也無法充實起來，體會自己生命的活力，在能量所剩無幾下，當然也無法再給出善待和支持。

所以，不斷被要求付出、符合期待、漠視自己、為別人付出的社會環境，到底誰得利了？誰受益了呢？還是，我們只是在慢性的虛空、慢性的耗損，直到人與人之間再也不希求任何的連結，切斷所有的關係，才能保存最後一點殘存的氣力勉強活著？

人生不需要那麼多「應該」

直到現在二十一世紀，已經到了西元二〇二三年，仍有不少人彷彿活在古代，以人云亦云的聖賢話語，耳提面命的自我要求和要求他人，有時候我聽到當事人說著這些自我要求的話語：「我必須要忍耐、要服從」、「我不能表達自己的需求，這是很自私的行為」、「如果我做不到別人的期望，我就是很糟糕的人」……各式各樣已經無法追溯到底是從什麼朝代、什麼時空背景下產生的訓誡、教條信念，這時候我都會產生一種衝擊，一時間不確定目前的自己究竟活在哪個時代？又活在西元幾年？為何我們活在科技如此發達，AI、手機、網路日新月異的時代，思想和領悟卻彷彿還在裹小腳的時代？這種在心智上裹小腳，不准大步往前，不允許拆開那塊綁住身心的臭布，澈底束縛及綑綁了生命，然而卻還有許多人絲毫未覺。

當然，不論是個體界限的設立或自我完整的分化，皆是我們社會非常不熟悉的觀點和知識，這是我們還需要積極發展和學習的。不能否認這些新認知、新概念要建立十分不容易，但我們至少能給予自己一些鬆綁的機會，彈性以待自己的人生，也拉出一些個人距離和空間，去重新思考和決策那些過往被灌輸、被制約的「理所當然」的信念和想法，是不是真的那麼理所當然、無庸置疑？是不是那些信念和想法，還要繼續被你視為理所當然？

如果，你願意試著去鬆綁那些理所當然的「應該信念」制約，也能鬆開內耗信念對自己的損害及消耗，那麼當有人告訴你應該怎麼想時，你可以嘗試以下回應方式：

「謝謝你的想法，我還需要思考。」

「我有我的想法，可能和你有些不同，你想聽聽看嗎？」

「多謝你的回饋，我還會再去了解一下不同的想法。」

「關於這件事，我還需要時間了解自己的想法。」

「我收到你想說的意見了，我會再自己想想。」

若可以，也不跟自己說「應該」怎麼想，給自己一個思考和感受的空間，所有的想法都需要經歷「思考」的過程，不用被「應該」左右自己。感受則可以提供你一些身心訊息，讓你知道自己究竟是感受到好能量，還是負面能量？是能讓你積極，還是讓你消極且耗損？

其實，人生不用那麼多「應該」，而要更多思考能力和自主決定的勇氣。當社會多數人都是以情緒消耗來消耗彼此情感時，社會將集體疲勞、厭倦；過度消耗和壓抑，又會導致個體正向情感戶頭餘額不足，影響人們對人生的希望和信心。若無意識的過著日子，在每一天都失去好能量後，剩下的將會是疲憊的你對自己再也無心無力關懷，日復一日錯待和疏忽自己，累積滿滿的厭倦和無力感，怎能不對自己的人生充滿疑惑和厭倦呢？

08

缺乏人我關係的界限

上一篇提到，個人界限要適度而彈性的對應強勢的傳統文化框架，這些強勢的文化框架來源已不可考，然而在耳濡目染、習以為常、理所當然的思維下，這些文化框架都存在某種不可對抗的「神威地位」，彷彿一旦不認同或覺得有必要探討時，具有神威地位的文化框架往往會向你採取道德綁架和勸說，以一種堅決不可違逆否則必遭懲罰的姿態，要你臣服。

換言之，在固著、僵化，不允許討論和思考的舊式環境，個人的界限是不允許也不受尊重的；以「個體」身分的存在、所表述的意見和觀點，都可能被群體視為叛徒、逆徒。

本篇我們就接續「為何消耗而不自覺」的主題，再深入來談界限（Boundary，亦被翻譯成界線）的概念，這是被家庭心理治療領域提出來已經有五十年以上，但還是有許多人未有的知識與觀念。

「界限」的專業概念最先是由家族治療的結構學派創始人薩爾瓦多．米鈕慶（Salvador Minuchin）提出，以僵化和模糊兩種端點所形成的家庭關係與次系統邊界範圍的狀態，來描述界限的性質。大部分的家庭都位於中間的範圍，代表家庭擁有清楚的個人分化能力與次系統界限，而兩極端則各為「黏結型」和「疏離型」的家庭（見圖表8-1）。

「黏結型」的家庭界限，不允許家庭中的不同個體有屬於自己的範圍，不只破壞個體的自我分化，不讓個體有獨立思考、感受的權利及能力，更會以各種控制、支配、命令、指使、統治，讓個體必須過於依賴，甚至弱化、退行，以達到被控制與操縱的目的。

「黏結型」的家庭，強調一體共生，不分別你和我，在次系統上也混淆在一起，例如要長女扮演母親，照顧一家大小，還要如伴侶一樣關懷父親；要兒子替代父親的位置，與母親分享私密情感，並且扮演支持母親心情的情感提供者。

為了要讓一家人的一體感不要被破壞，這樣的家庭也會有排外的現象，不允許有外來的新關係，例如

圖表 8-1　家庭關係

拒絕與排斥兒女交往的對象，即使已有婚嫁，可能還是會表現出很排拒媳婦或女婿這個新家庭成員的進入。若沒有引發排拒，黏結型的家庭也會要求或支配這位家庭新成員必須做到沒有個體性，過度涉入此新成員的言行表現，意圖情感支配、操縱新成員的情感及思想，強調必須全然融入這個黏密的家庭，不能有異質性。因此可能出現各種控制、涉入、支配、指揮、要求或利誘的行為。

「疏離型」的家庭界限，則會顯示出此家庭的弱連結甚至截斷連結，極為疏離與陌生。此種家庭型態來自家庭成員彼此間或次系統間，個體與個體界限十分封閉，覺得沒有情感連結及資源分享的必要，過分強調個體化及獨立性，可能從孩子極幼年，還需要依賴或情感撫育的年紀，即灌輸孩子要靠自己的訊息，並拒絕給孩子任何情感方面的支持、陪伴、理解和關愛。

即使這個家庭的成員組成家庭，但在日常生活中成員不同住，分隔遠距離生活，孩子也可能寄人籬下，因此疏離型家庭的共同生活經驗方面非常缺乏，孩子在缺失至親的陪伴下，性格也趨於封閉及壓抑，並錯失許多可以與人社交及連結的社會情境學習經驗，不知如何與人互動，也不了解如何和人建立深厚長久的情感關係。

不良的界限將使心智混亂或僵化

黏結型家庭下生活的個體，因為個體界限遭受破壞及侵擾，因此在個人心智呈現上，容易處於混亂與糾結狀態，無法清楚知道是自己的想法還是別人的想法，是自己的感受還是別人的感受，並且時常受到環境中他人狀態的牽扯和波及，很難有自己獨立的系統或讓系統穩定運作。

疏離型家庭下生活的個體，不須與人共同生活及商量日常瑣事，因此常在自我主觀下認定事情，也只需要依照自己的想法和感受過生活，不必顧慮或重視另一個人的感受與意見，因此幾乎不會因為他人而影響自己的想法或決定。久而久之，很難與他人調和，也很難接受他人的想法與同理他人感受，在缺少與他人相處及搭配的經驗下，個體心智也將越來越呈現固執、僵化，難以調動的狀態。

不論是過於混亂的心智，或過於僵化的心智，都會處於精神耗弱的狀況。前者是受緊密而侵擾人際關係的消耗，後者是受個人內在缺少情感支持與社會連結感的耗弱。在界限設立下，過猶不及，失去平衡及彈性合宜的調動，都會使個體耗損生命的精氣神（見圖表8-2）。

另外，心智混亂，也可能來自思想品質與能力未進化，過於維持原始本能，或幼兒階段的心智運作方式；心智僵化，則來自思維過於陳舊，受過往限制，無

圖表 8-2　心智混亂與僵化的現象及特徵

心智混亂

個體界限鬆散模糊，容易受訊息侵擾，喪失主體感。理智和情感失去連結所造成的分裂和散亂，使內部產生許多雜亂訊息，毫無秩序的激烈情緒和非理性想法，造成心智混亂。

心智僵化

受太多過往固著信念、價值觀框架，以及過往環境的「制約操作」，產生許多自動化反應，以致缺乏覺察、封閉的處理訊息，無法與外界有效的互動與調整。過多的主觀認知，不僅容易形成自我中心傾向，也可能無法客觀理解外在世界真實運作的方式，因而造成適應障礙。

法變通，難以與時俱進、跟上變動。

現在的你，正在透過心智的學習及思考歷程，茁壯你的「真實自我」。自我要能茁壯健全，需要心智的鍛鍊，當理智能擔任整體心智運作的主要領導位置，那麼我們在現實世界的生活，才能降低潛意識所帶來的各種制約、情緒支配，還有無意識的衝動和防衛反應，帶來的負向耗能。

我們進行內在的調整方式需要與時俱進，運用新知、新方法，而這些進化都需要「自我」的學習力和統整能力，並且能從「知道怎麼做」轉變為「能做到、辦到」。你若經歷過這樣的歷程，就會明白自我鍛鍊是一段往內工作、往自身進化各項能力的過程，很像練武功的歷程，不只是向外討教方法，還需要透過自己的熟讀、咀嚼、執行、反覆練習和檢討、修正及修改，直到通達，有一番自己的見解及心得，才能算是自我提升及轉化完成。

若要鍛造自我，就需要從根本的自我分化與個體界限設立開始，沒有個體界限就沒有自我分化，沒有分化就沒有辦法分別出你和我，也就無法形成真實有意義和連結的關係，也就沒有交流、分享和彼此提升的可能。

凡事皆有程序，在建造自我內在有機好環境、好基礎的過程，也會有基礎建設的步驟，而建立良好能平衡的人我界限，可算是生命的基礎工程，不能省略和忽略。

透過連結與分化，鍛鍊心智

心智僵化與心智混亂是界限封閉或混淆的結果，同時也影響個人界限的處理能力。一般來說，心智僵化的人，界限設得明確且絕對，往往因為自己認定的「絕對看法」而少了許多彈性空間去探索及了解，同時讓自己與環境、他人之間的界限缺乏彈性調動的可能，而顯得疏離及封閉。

個人界限封閉、與其他關係顯得疏離的人，很多事情都會設高標準、高門檻，以極度不合理的期待和要求去切除和別人的連結，也斷絕任何可能經驗到的情感滿足和快樂。於是，把成功的門檻設很高，就不容易感受到成功；快樂的門檻設很高，就不容易感受到快樂；感謝的門檻設很高，就不容易感受到感謝；喜悅的門檻設很高，就不容易感受到喜悅；滿意的門檻設很高，就不容易感受到滿意；愛的門檻設很高，就體會不到愛。

這樣一來，往往負面感受的門檻會越來越低，低到一點點感受不好，就馬上不舒服、不愉快，變得煩躁：挫折的門檻很低，一點挫折即感受劇烈的挫折；氣憤的門檻很低，隨時都感受到氣憤；不滿的門檻很低，隨便一看都是不滿；不安全的門檻很低，什麼都感到不安全；敵意的門檻很低，隨處都感受到敵意；批判的門檻很低，隨時活在批判中。

因此，疏離及封閉的人看似與環境保持距離，也與別人很難有所連結，然而內部的狀態並未因此真的獲得平靜和安穩。實際上，他們對人的不滿意及批判時刻發生，甚至產生對人的嫌惡感，導致過分拒絕與人有關連，排斥任何引發的負面感受。這部分即使不參與社群、不與人互動，仍在內部消耗著自己，並且可能越活越孤寂、無力；雖持續憤世嫉俗，內心反而受自己無法消化的負面情緒侵擾和精神耗弱。

心智混亂的人，與人的界限鬆散到可能根本不具有界限（就像房子沒有邊牆和門窗），無法分別出個體的獨特和差異，彷彿隨時要跟周圍的人事物沾黏成一團，剪不斷理還亂。許多心智混亂的人，會將自己的情緒混亂、時常受他人情緒牽扯的情況，訴諸於自己是高敏感者。然而，即使是高敏感族群，不必然都只感受強烈的負面情緒。雖然人生不會完全只有正向感受，但高敏感族群若沒有陷落在早年複雜性創傷的陰霾中，也不需如此時常覺得威脅、不安、恐懼和焦慮。

這裡必須釐清一項觀點，高敏感族群是感受敏銳，環境變化也容易觸動神經，但生活中不是只存在負向的感受與負面情緒，除非個體的生長環境本身即具有各種侵擾和刺激，使個體無法在安穩及安全的情境下好好成長，感受與享受高敏感所帶來的超感受力。

心智混亂的人，不僅在成長的環境影響下，失去感受正向情感的能力，安全的關係鏈結也受損害，尤其是當環境中的重要他人（親人或家長）有各種支配和控制的吞噬行為，就會造成時時刻刻擔憂害怕、處於過度緊張及怯懦的不自信狀態中。長期處於槍林彈雨、水深火熱的情緒中，勢必對生命帶來殘害，活在難以負荷、化解的痛苦和無助中，這種情況對個體的消耗性絕對是很巨大且嚴重的。

心智要能恢復真實感受力，需與當下的真實環境接上線，不再只執著於僵化的某類感受，也不再和他人及環境混淆、纏繞一團，這都需要練就能在當下與真實世界相會、連結還有適度分化的能力。**「連結」與「分化」的能力缺一不可，兩者是心智在處理資訊的過程，最重要的處理技能。**

世界涵納各種色彩和畫面，有著瞬間變化的光線與陰影，我們能感受與連結，不偏失、不膠著，不固著在自己的設定，也不只活在自己編寫的劇情中，才有機會透過自己的感官，感受這世界富有的多樣性和豐富性，包括我們自己的生命潛能和本質。然而，若界限守護不易，時常被外界侵擾破壞及左右，就會有應接不暇的情緒消耗及波及。

試著覺察自己的感受門檻是否過低？就如房子處於低窪狀態，一點雨勢屋內即會進水、淹水。任何一觸即發、過於敏銳的情緒引爆，都值得我們回看，並辨識出它的啟動；而你更可以從中檢視出自己的個體界限狀態，是否時常不設限、毫無篩選的任訊息從四面八方湧來？

過於執著沉浸於某種情緒，或過於沾染別人的情緒，都可能會在無意識中成癮，讓大腦的神經自動的往理所當然、習以為常的反應一路走去，一再的重演、一再的重現，也一再的複製結果；如此無意識、自動化的身心反應，使我們毫無自覺的被消耗著。

如果你開始關注及希望覺察自己的情緒消耗處境，那麼從提高你的意識開始吧！有意識雖然不表示立即改變，然而無意識，就一定沒有改變的可能了。

09

無法接納完整的自我

你對自己滿意嗎？對自己的滿意程度，影響著對自我形象的認同，如果我們對自己不滿意、不接受，那麼自我將會產生分裂。

最常見的分裂自我是分裂為「高理想的自我」與「現實低滿意的自我」，這兩個自我在內在不是統合及平衡的狀態，以致形成假性自我，虛應外界，並取代你的真實自我，無法由你的完整自我進行調節、修正與統合。

當你把理想化的自我擺得越高，和現實的自己距離越遠，你的焦慮和不安就會悄悄上身。你越難調整自己的理想我和現實我之間的差距，越難調和與尋求到平衡，你的自尊也會漸漸低落，越來越否定自己並失去對自己的尊敬。

長久以來，社會一直有個迷思，總是好似有一個完美的自己，在遙遠的未來向自己招手，然後告訴現在的自己「你還不夠好、不夠努力，要再加油、再努力」，以此做為催逼自己進步的手段，砥礪自己要變好、變強、變得高人一等、變得萬眾矚目。然後，又在催逼自己「好，還要更好」同時，覺得自己怎麼還是不夠理想、不夠厲害與完美，無法停止的苛責自己很慢、很笨、很沒用。

長期運作下來的自我否定，對自己充滿期待，又對自己充滿輕視、嫌惡。不停數落和厭煩自己後，累積越來越多對自己的批評、否定和羞恥，深受內心理想化自己的歧視和羞辱，每一天都是對自己的不滿意和挑剔，絲毫看不到自己的用心和付出，也看不到自己的能力和價值。

最後，只剩下一個不滿意的自己，過著痛苦的生活，並且被內心高不可攀的理想化形象打擊和挫敗，離「好好接納自己，與自己好好相處」之路越來越遠。

把自己當成最大的敵人

原本努力的追趕，是為了趕快成為可以被自己喜愛與肯定的自己，卻反而累積越來越多嫌惡自己的反應。自己和自己之間，產生出衝突及對立的關係，怎麼也無法整合自己、完整自己。

所以，自我成熟的明智能力很重要，明智才可能辨識清楚這當中的弔詭與偏誤。真正有力量的「成人自我」能領導內部運作，不是勉強也不是假裝，不是小孩扮大人，而是真實的茁壯與成熟，才能在外境事物的變化下，彈性的尋找因應方法，並多元思考及調動可以採取的策略，讓事情得到妥善的處理。在明智的自我關照及統整下，才能根據現實而不是理想化，了解及洞察自己真正面臨的問題，不會壓迫與勉強自己；也不會不管三七二十一，盲目的要自己拚了命和別人比較，卻對自己所面臨的阻礙及關卡一無所知，無法客觀評估。

說到這裡，我們要來探究一個問題：為什麼統合自己這麼困難？為什麼接納「自己是自己」這一個事實，充滿了阻礙？這個問題牽涉到一個人對自己的觀感，包括觀點和感覺。常把自己一分為二的人，除了心智認知偏誤（二分化觀念的作用）習慣把任何人事物都分成「好、壞」、「對、錯」、「黑、白」，簡化對事物的理解和判斷之外，只要感受到自己內心複雜難以調節的混亂與糾結，就會任由內在激烈扯動，造成錯亂及矛盾的情感痛苦。

為什麼對自己的感覺會如此複雜呢？這些強烈情緒或激烈情感的觸發和啟動，向來不是由「理智」主管，而是由內在潛意識的衝動和渴望所結晶而成，內含各種創傷，包含陰影、生存焦慮、匱乏和恐懼。

這些凝結的創傷產物，成為主控內部的「情緒化」，以一種攔也攔不住、管也管不住的方式，往外衝撞和拚命，想獲得任何可以減少內在自卑與羞恥的條件或物質，否則只能不停的被自己情緒牽扯拉動，引發蝴蝶效應的腦內風暴，在不停席捲中，身心越來越虛弱和疲憊，自我也隨之軟弱、虛弱，無力對應。在這種情況下，人們很常以麻痺的物質和行為來逃避內心衝突、錯亂的激烈情緒，例如：喝酒、性成癮、自傷成癮、情緒性飲食、吸食毒品或藥物成癮。

如此造成的情緒消耗和行為上的失控，以及內部無法安息、平靜的沸騰情緒，可能在任何處境或情境下突然讓個體痛苦不堪、腦內爆炸，像是突然對自己的表現不滿、突然感到自己無地自容、突然覺得自己講錯話或做錯表情⋯⋯任何只要覺得自己表現不好，沒有維持完美形象及評價，就毫不客氣與不留情的抨擊自己，彷彿自己是自己最大的敵人，最需打敗的對手。

我常在一些文章裡看見一句話：「自己是自己最大的敵人。」我可以理解文章的作者們想表達的是「每個人最需克服的阻礙是自己」，畢竟我們很常對自己設限，又常把自己留置在舒適圈。然而，若真的把自己視為敵人，而對自己充滿敵意的話，那內在環境該是多麼恐怖的狀態？不僅把自己視為要打敗的對象，還對自己抱持憎恨和仇視，亟欲消滅，這對我們的內部整合來說，肯定不會是一個好現象。

我們和內在的關係越是碎裂、零散，那樣的傷痕累累、破碎不斷，只會造成更多的自我消耗、情緒消耗而不自知。你可有遇過哪一場戰爭之後，土地與人民是毫髮無傷、欣欣向榮的？對任何想要強大及建設的國家而言，唯有安定與富饒，才能使土地與人民有足夠的精神和資源邁向發展及富庶。

如果一個人的內部四分五裂、處於內戰狀態，此人必會元氣大傷，也會耗掉他原本所擁有的資源，畢竟戰爭的損耗絕對是很大的；如果他的資源與資本原本就不足、匱乏，那與自己持續大戰、日日為敵，無法化敵為友、建立信任友善夥伴的關係，肯定會讓他被自己的混亂、糾結給拖垮，活在哀怨及憤恨的沉重情緒中，原地耗盡，再也無心力去發揮生命力或潛質能力，也無法去創造什麼了。

一個人究竟為什麼要和自己像是有深仇大恨？為什麼要與自己終日為敵、過不去呢？從情感層面來說，此人恐怕從未體認過什麼至親的溫暖之情，也未曾經驗過被重要他人視為值得被好好照顧與善待的人。因為在生活環境裡，經驗到的唯有責備和批評，總是被說不夠好或不被滿意，那麼此人所體會到的「主觀經驗」，即是自己是一個永遠都不夠好的人，永遠有瑕疵、永遠都有問題，所以要嚴苛以待，也要隨時督促自己，以免自己一錯再錯。

他可能眼見的別人（通常是手足或同儕）並不會被責備和批評，也不會被挑剔，唯有自己一直被數落與嫌棄，因此更讓他認為一定是自己不夠好、不值得被肯定與讚揚。

對一個孩子來說，他無從了解人性，更無從理解一個大人的心思有多複雜。會不會被大人讚揚及肯定，從來不是真的單純到「孩子做對就會被讚揚；孩子做錯就會被指責」。父母或師長的性格、意圖、成長經驗、背後目的、當下情緒、評價的標準和能力、回饋的能力、同理的能力等，都會影響一個大人是否能真誠回饋孩子值得肯定的行為，又或是能否給出無條件尊重人權的基本涵養。

對一些大人來說，尤其是父母和師長，能有基本對人的尊重態度就不是簡單的事，更不用說要能讓一個生命體會到自己存在的本質被完整的接納，然後進一步的肯定與支持。然而，即使現實世界中有這樣涵養及能力的大人極為少數，但對孩子來說，卻仍在內心深處如此渴望、如此期待：有一個無論我如何，都能愛我、接納我的父母。

如果一直努力活著、努力達到各種要求和目標，但自己在乎的父母或師長還是指責、批評與否定，這時該如何解釋呢？對孩子來說，很容易就落入二分法的歸咎，認為「是我不好，我不值得被重視與肯定」，然後在洩氣及挫折下，更加的否定自己與憎惡自己。

陷入無止境的自我反省與歸咎

一個人若無法認識到他的心智，是如何受到過往的創傷經歷，以及早年被怪罪、被否定的遭遇所制約及塑造，他勢必也無法覺知後來形塑的自我譴責、自我歸咎會如何的在他的日常生活中，不停反覆出現與循環。

這就像是一個人出生在空氣和水源已受汙染的環境，長期生長其中，又如何能知道何謂乾淨空氣、清澈水源？就他的認知來說，汙濁的空氣和不清澈的水源才是正常，是日常生活的一部分。無從發現問題點，也未能知道真相是什麼，他又怎麼可能察覺到自己活在一個非常不健康的環境，而且充滿各種汙染？

我們對待自己、使用自己的方式亦然，當你對自己慣用的心智方式一無所知，如何理所當然的看待自己並認定自己的價值？而在這些觀感消耗自己、濫用自己、折磨自己的同時，你也無法自覺這些行為和做法如何傷害你的身心，也無從覺知你所謂的「命運」（那些一再發生的情節與結果），是如何被你自己設定、編織而來。

我聽過不少覺得人生很累、活得很辛苦的人，他們對自己有許多不友善的觀點及評論，失去了對自己的愛與關懷。他們會覺得自己不值得過好一點、輕鬆一點，很擔心自己，覺得不努力就會被淘汰；如果稍微休息或停頓，就會覺得羞愧，覺得自己怎麼這麼懶惰、不夠努力。

然而，他們其實都是很努力的人，事事靠自己，獨自面對許多挑戰與問題，生活方面也都是靠自己打拚，自己照顧自己。然而，即使獲得了生存的條件與能力，也把周圍的人盡可能照顧好、不讓別人擔憂，他們還是覺得自己不夠努力，怎麼可以停下來或覺得累？

我會問他們：「你在這麼努力、要求自己的過程，你覺得到何時、什麼境地，你才可以允許自己停下來？你才相信你自己的生存是安全的？」許多被我詢問的人會回答：「直到我覺得我真的有能力了，我真的可以不用害怕了。」

此時，我會回覆他們：「你已經做到了！你已經是了！」接著，我會試著向他們說明與解釋，他們心中的恐慌不是出於事實，而是出於他們主觀經驗，還留在曾經害怕與恐懼的當下，是那些曾經歷脆弱或自覺無能所殘留下來的陰影，使他們主觀上透過情緒性的推論，得到一個自己的非理性論證：「因為我不夠好、能力不足，才會遇到這些可怕的事情。」然後又做出了一個非理性的判斷：「只有我不斷的堅強，努力的讓自己有能力，我才不會再感到脆弱與無助。」然後以這樣的信念強迫自己、催逼自己要極盡所能的離開會讓自己不安和脆弱的情境。

如此推論和判斷下，會出現許多迷思和偏誤。例如，會把自己感到脆弱或無能力的時刻（接觸到新環境、新情況、未知的問題），立刻與「我不夠好」、「我能力不足」劃等號，傾向歸咎在自己身上，而不是從更大局面看到情況的發生，是在許多方方面面、內外在處境與現實條件的交織下，所產生的狀況。

單一歸咎在自己身上，源自於我們幼年時遇到生活問題，因為缺乏經驗，以及缺少被引導、被教導的情況下，在獨自摸索中產生許多無助感、挫折感及孤單的反應。此時若我們能透過與外界的連結，無論是主動表達或被動的關懷，而得到說明、抒解及引導的話，那些情緒衝擊會有機會得到安撫、調節及支持。倘若我們遇到困難及挫折時，情緒衝擊巨大、強烈而難以承受，外在環境卻冷漠、疏離、寂靜，即使向外求助後，也依然如此的話，那麼我們的內心便會因為這份強烈的斷連、失落及更大的挫折感，感受到委屈及憤恨。

然而，即使委屈和憤恨，外界依然無回應、無說明，甚至有更大的指責及怪罪，那麼，內心龐大的委屈及憤恨無解，只能繼續壓抑及隱藏，此時的委屈及憤恨會因為防衛機轉，轉成對自己的敵意，而形成對自己的攻擊。於是乎，內心就會產生這樣的自我歸咎及內射作用[註]：「若非是我這麼沒有用、這麼不重要，我怎麼會遭遇這些對待？我怎麼會沒有人願意關心我、保護我？」

一旦形成這樣的自我歸咎推論模式，就容易造成循環式的推論歷程，不論如何推論，都會回到內疚、自責、自我批判的結果。這當然也就成為我們身心耗損的原因，使得每日的能量都在節節敗退、精神耗弱的情況下，難以獲得安神寧靜。

因此，在人格成熟的轉化任務上，首要之處，在於一個人能否脫離幼年時個體慣用的二分法分裂狀態，減少甚至改變心智運作的單一歸咎模式，開始試著去理解這比個體更大的世界所運作的方式。

這個世界很大，是由每個個體的存在及集合所建構出的世界，正因如此，世界絕對不在我們的腦袋裡，並非透過我們個人有限的思維就能了解及通透，我們需要停止用自己單一角度就去判斷情況、解讀情況的習性（見圖表9-1）。

註：內射作用（Introjection）：將外界的錯誤或情感反應的矛頭指向自己。例如他人有不高興或冷漠情緒反應，就怪罪自己不好，做錯行爲或表現不佳才讓對方不高興，然後過度承擔一切後果，只歸咎在自己身上。這種防衛機轉是爲了讓不理解所以然的情況獲得解釋，好讓自己對於不明確的事情，可以解讀出究竟，獲得答案。然而，這類偏頗的想法很容易引起「自責」、「內疚」，甚至引發自殘的念頭和行爲，最常出現的想法像是：「父母爭吵這麼激烈，一定都是因爲我，若這個家沒有我存在就好了。」

缺少了觀察、蒐集資料、探究及客觀分析的資訊處理過程，我們會因為所知太少，而僅能用非常貧乏的知識去做判斷。對一個孩子來說，因為對人生的體驗太少、所知太淺，因此他無從了解這龐大而複雜的外在世界，為什麼會發生那麼多事情，於是他就只能用有限的知能去做簡易的二分法判斷，這是他的能力限制，也是他的認知發展、知識及經驗獲取還不足的原因。

但若我們已是成年人了，所受的教育、體驗過的生活也慢慢的擴展，能獲取的知識和磨練的能力也日漸不同，因此我們就更需要去覺察自己的歸咎方式、問題釐清及解決的思維歷程，是否已經脫離簡易的二分法？是否已經能以不同角度及觀點來進行綜合性思考，包括換位思考？

當人能脫離自我中心及分裂性自我的二分法歸咎，盡量的回到客觀事實的評估與了解，再進行合乎現實情境的理解和問題處理的決策，這樣的能力能減少許多自我耗損的過程，當然也會稍微清除不必要的負面情緒吸收及糾結，如此也才有善待自己、照護好自己的可能。

圖表 9-1　彈性心理移動的三角度書寫

1. 以「我」第一人稱書寫：（處於主觀位置，書寫此事件和產生的想法／情緒／行爲反應）

2. 以「你」第二人稱書寫：（處於旁觀位置書寫此事件和產生的想法／情緒／行爲反應的原因）

3. 以「他」第三人稱書寫：（處於遠距離客觀位置書寫此事件和產生的想法／情緒／行爲反應的脈絡）

最後，再回來「我」的主觀位置，重新書寫對事件的想法、情緒感受，以及想要做的行爲決定。

10

負面的關係使人越來越孤寂

《天下雜誌》第七二五期中報導：「在『天下幸福生活指數』調查中，社會連結度正是台灣在所有領域中最弱的一環。當《天下雜誌》比照OECD國家（經濟合作暨發展組織）美好生活指數，詢問『如果你遇到困難，有沒有親人或朋友可以提供幫助？』有八五．一％回答『有』，其他回答沒有、不知道或拒答。若與OECD國家進行跨國比較，在四十一個國家中，台灣排名為三十七名，僅贏過智利、墨西哥、希臘和韓國。這也是台灣在十一個領域中，排名成績最弱之處，相較之下，日本還排在二十六名。」

雖然有八五．一％的人對是否感知到有社會連結時，回答為「有」，但其實在各國的民眾感知比較中，台灣算是排名後段，倒數第五，也就是近一五％的人感受到的是社會弱連結或無連結。

此份調查並未探討及研究為何對台灣人來說，有將近一五％的人體會不到強連結？一成五的人在生活環境中，並不相信當他們遇到生活困難時會有親友提供幫助，這就值得我們關注並探討。

社會漸漸感受不到強連結

試著從這十幾年來的社會變化和社會問題中觀察可能的原因，我認為這其實是顯示社會的「孤寂訊號」。

沒有穩固強連結感的人，可能來自獨身、獨居為多，或在內心感受不到和周圍人際之間有「關係感」的人，不論是主動的選擇孤寂、斷開人際鏈，或被動的進入孤寂，無法在生命發展過程中，順利的發展更多的社會關係（例如友伴關係、伴侶關係、親子關係、社群關係），這樣的現象表示身為群聚動物的我們當中，有人卻連結不到群體，體會不到關係的意義及重要性。

那為什麼有人選擇不再擁抱關係，不再與人連結呢？初步探討，至少有兩種可能因素，一是人際關係的經驗多為壞的、負面的，可能從小或重大事故後，造成不再相信及接受人際關係，也多認為自己一個人最省事省力，不需再顧慮他人、受制於他人，也可能是想斷開人際牽扯以獲得生活平靜。這種情況下，是個體主動選擇不再積極發展社會性的強連結，寧願自己獨自過生活。

另一種可能的因素，是被動的面臨弱連結，家庭人口單薄又是獨生子女，若再加上社會接觸經驗封閉，以及自身的社交技能弱，不知道如何與人往來，也可能被動的造成弱連結情況發生。

而弱連結和情緒消耗是可能產生關聯的。主動選擇弱連結的人，可能來自過往有許多與人關係互動經驗的壞感覺，太具消耗性，例如被利用、被支配、被虐待、被欺騙或背負過多他人的責任推卸，以致個體在早期生命中，過度受牽扯與消耗，沒留下值得留存的正向情感關係，隨著關係的中止或離逝，個體也帶著滿身的傷離群索居，拒絕再參與他人的生命世界。因為一旦參入或被侵入自己的生活世界，最害怕的是人際惡夢再現，各種人際關係中的吞噬及耗損、濫用及併吞等情節就會再度發生。極度的厭惡及厭煩那種人際情況，拒絕再與社會形成任何可能的關聯，避免再掉入可怕的人際陷阱。這種情況下，個體認定了「沒關係，就是最好的生命狀態」，拒絕發展任何的人際關係，無法觸及真誠交往、真誠連結的關係經驗。

在現代強調各種成功條件又重視物質享受的時代，人與人相互利用、剝削或是詐騙的情況層出不窮。你以為的友善、熱心和善良的人，背後都有可能帶著不懷好意的目的接近你。

弱連結容易產生情緒消耗

二〇二一年九月，日本有個「媽媽友心理支配使兒子餓死案件」宣判，此案件為日本福岡縣的一位四十歲女性碇利惠餓死了自己的五歲兒子。這起案件極為不可思議，因為警方調查後發現真正背後的原因是，這位母親遭受一位友人赤堀惠美子的刻意接近，拉她進入媽媽團體後，開始以類似精神操控的手段洗腦、操控她，告訴碇利惠「其他學生家長都在說妳壞話」，開始孤立碇利惠，讓她社交封閉，只能依賴及相信赤堀惠美子。

碇利惠的五歲兒子翔士郎死亡時，體重僅剩十公斤左右，是五歲孩童標準體重的一半，這是被惡意對待造成的營養不良。警方發現，這段「友情」極為恐怖駭人，赤堀惠美子謊稱碇利惠的兒子在學校惹事，惹上幫派需要調節，也謊稱碇利惠的丈夫外遇導致別人懷孕等各種理由，羅列外遇調查費、黑道處理費，以及離婚文書等向她索取不少金錢。

之後不斷慫恿碇利惠不要信任丈夫、與丈夫離婚，要求她必須與丈夫斷絕來往，完全切斷碇利惠的一切社交關係，並陸續拿走碇利惠將近一千萬日圓（約新台幣兩百二十萬元）的贍養費和社福補助款。

事後更直接住進她家，完全控制她的生活，以十二台監視器監視碇氏母子的舉動，只給他們極為稀少的米充飢，令母子兩人餓到神智虛弱，更容易被掌控，最後導致五歲的男童被活活餓死，死前沒有得到一點援助。碇利惠面對兒子即將被餓死，她第一反應也不是將兒子送醫，而是打電話告知赤堀惠美子，可見其受操控極深。

或許有人會說這是一件極端的例子，屬於犯罪案件，然而對利益薰心的社會來說，人們漸漸失去良知及正確價值觀的情況，接近你的人有何意圖，你是很難真正了解的。若加上失去了獨立思考能力，又與社會隔離，生活過於封閉及孤寂，那麼靠近你的人，可能都被你誤以為是來拯救你的人，而錯把自己的人生獨立自主權全部放棄，成為一個依賴者及被操控者。

這社會確實有這樣的人，不僅會利用你的懦弱和善良，進行各種損耗你、剝削你的事，索取你的服務和付出，並以各種削弱你自尊和價值感的做法，否定你的成績和能力，打擊你的自信，讓你陷入茫然、自卑的自我懷疑迷霧中，甚至讓你經歷過度的精神壓力，讓你精神恍惚、心智耗弱，來達到他心理支配、操控你的目的。

所以和社會弱連結的情況是危險的，可能是因為缺乏社交能力，不擅與人建立及維繫關係。不論是覺得與人交談、交往就容易害羞、緊張，或自認不具有任何吸引力、無法安穩自處、無法自信的與他人建立基本友好關係，個體只要遇到需要與人互動的環境，就會感到困窘、焦慮、不安，因而無法發展長期互動、連結及彼此互惠的關係，以致關係多為片段、零散和短暫的。這種情況下，內在情緒消耗就容易發生，龐大的情緒張力及波動會內耗自己，損害過多的身心能量。

負面經驗導致較難建立信任關係

與社會處於弱連結，內心若仍是強烈渴望有人關注、有人支援和幫助，甚至能得到依靠，那麼就很有可能一旦有人接近，就誤以為對方是可以發展特殊情感的對象；無論是希求友伴或伴侶，衝動的產生關係，往往省略很多人際辨識及評估的歷程，也就無法有足夠時間和空間，去審慎觀察所接觸到的人，思考其真正的目的與動機是什麼？當然也無從覺察操控及利用的情況是否已經發生。

處於這個變化多端，各種詐騙、哄騙、操控等社會現象不斷湧現的現代，人際關係著實令人感到不安、焦慮、挫折與厭惡。過去，因為我出版過幾本與人際關係有關的書籍，也經常在網路社群刊登關於人際關係因應之道的文章，有機會看見一些網友留言反映，常感到困擾或痛惡生活中遇到一些被侵犯的狀況，被任意對待、不受尊重、被惡意騷擾及攻擊，無論是在網路世界，或在現實的生活環境中。

失控及變質的社會，確實令人心力交瘁，當社會人我關係的分際拿捏、界限處理是含糊、混淆，人與人的尊重度甚低，將造成彼此相互併吞、攻擊，增加侵略的情形，不只讓個人十分耗能，其所導致的巨大耗損及虧損，是屬於集體性的社會問題。活在這樣社會中，沒有人能避免在不知不覺中被耗損、被侵蝕。

對於小家庭或單身個體來說，社會連結明明是非常重要的，有連結才有社會支持，有社會支持才會感受到處於這個社會是有安全網絡的，如此我們才可能安心、安然。畢竟人類也是屬於群體性動物，有社會歸屬需求，感覺到與社會有所關聯，覺得自己是社會的一份子，是我們存在的基本需求之一。

然而，社會活動中的各種人際關係、社群建立與往來互動，若帶來的多為負面經驗，讓人產生「人才是最可怕」的念頭，而對人際關係的建立抱持極大的恐懼及拒絕，那麼無疑的，歸屬感與連結感的需求產生阻礙、落空，會讓個體的生命產生莫大的不安全感及孤立感。

結果，身處社會的我們，有關係也耗損，沒關係也耗損。關係的糾纏及拉扯是耗損，過於孤寂和獨自承擔的疲累也是耗損。

建立值得信任及發展的好關係竟然這麼困難，那麼，究竟人要如何才能在社會中，真實的感受到正向連結及社會支持，從社會關係中真的獲得存在的資源與幫補，而不用擔心沒有人可以幫忙自己？這真是這個時代一個困窘與矛盾的問題。

閱讀到這裡，我們稍微整理一下前兩章的說明及觀點論述。前兩章主要是讓我們了解情緒消耗的起因和來源，不論是認知觀念的缺乏，或是長久慣性生活型態的僵化，又或是內在核心的認知信念，造成我們自己無意識的內耗，從個體到人際關係，再到社會環境，對情緒消耗的影響性皆是存在的。

總結前兩章的論述內容後，我們需要聚焦如何進行調整與改善，透過自我的反思及客觀因素的評估，在第三章我們要試著意識及學習如何終止無意義的情緒消耗？

本節也以一張表格，讓讀者更清晰看見四種壓力反應及面對模式帶來的自我消耗性（見圖表10-1）。

當我們警覺性、威脅感高，反應激烈，無論是否面對（認知意識問題的發生與存在），都會耗損身心極大的能量，由於感受到的是如待宰羔羊般的知覺，因此在反應上會傾向迴避面對，以致問題延遲並擴大。

即使高敏者在認知反應上不迴避，但也容易陷入死胡同的思考中，無法客觀觀察問題並且評估、分析，反而因為警覺性的高度反應，亦造成失真與扭曲，不是誇大問題的發生，不然就是偏頗的非理性思考，過於弱化自己及過於妖魔化他人。

因此在分類表上，除了「功能者」因為警覺性和威脅感不是瞬間激增，因此有機會客觀的觀察及了解真正的問題所在，也才有機會思

圖表 10-1　四種壓力反應模式

警覺性高、認知迴避低

高敏者——
（高度威脅反應，無法轉移注意力，過度警覺下造成負面反芻思考）

消耗性

警覺性低、認知迴避高

抑制者——
（低度反應，無解決策略，迴避及封閉狀態）

消耗性

警覺性、認知迴避皆低

功能者——
（低度反應、穩定表現，因此較有效思考策略以解決實際問題）

賦能性

警覺性、認知迴避皆高

焦慮者——
（高度警覺反應，無解決策略，反應高但採取迴避問題的處理方式）

消耗性

考有效的處理策略，有機會解決問題，並藉此增加解決問題的自信、能力感與正向成功經驗，有利自我效能的提升。

Chapter

3

如何終止無意義的情緒消耗？

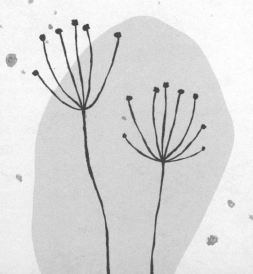

11

增進自我覺察能力

即使到了心理學發展蓬勃的現今，仍有許多人無意識、無從覺知「人」是如何形塑而成的。除了先天基因，出生時頭幾年的主要照顧者和環境，還有成長各階段中的社會環境（人際間的互動），特別是家庭環境的教養對待，都在不間斷的形塑和影響一個人的長成。

雖然人會忘記過往的記憶，卻不表示不受過往影響，所有的經歷都會凝聚、結合成一個人現在的樣子。內隱系統和外在環境高度互動下，人的存在處境是複雜、糾結、繁瑣的交互作用過程，無法被簡化判斷也無從簡易描述。然而，自我覺察力高的人，有較多的機會感受和體會到自己所受的影響，是從哪些方面和歷程而來，也能感知內在的動力甚至防禦機制的啟動，因此，較可能在自己做出無意識舉動前，先停下來自問、自我對話和梳理，明白和理解自己所遇到的情況是怎麼回事？又是怎麼引發和推動自我的內在反應和行為。

這包括較能體察到承受哪些壓力、觸發什麼樣的恐懼、期待什麼樣的獎賞，還有因為觀察到環境他人的什麼態度和行為，而連動、觸發出自己什麼樣的生存姿態、生存模式。

自覺的層次越高，人才能獲得超越以自我為中心的視野位置，看見「人在情境中」受到的各種形塑和影響。即使再小的一個群組、一段關係，都將對你形成不可忽視的影響和衝擊。

回到個體所做的選擇和自主意識，這是一個亟需對自己有勇氣探索和同理的過程，懂得自己身為人，有不可迴避的社會環境責任和角色，但在重要時刻，過度失衡和遭遇過多壓力，甚或不當對待，都會造成自己這個有機體某些程度的危害和傷害。要成為一個有力量為自己做出各種明智選擇，並能朝向有益的成長方向，這不僅要能成為一個真正守護自己、善待自己的人，同時還要深信自己有這樣的權利。

當我們試著要實現成為一個有力量安穩、能照顧好自己的人，那麼在首要的課題上，我們要試著提高對消耗情境的敏感度，才能辨識和覺察出消耗是否正在發生？

個體或環境是否正處於無限消耗的情境？無論是個體遭受消耗，或是群體、社會集體消耗中，之後的復原或復健都必然需要花費相當的成本，無論是有形或無形的成本。

提高覺察消耗情境的敏感度

1. 職場環境的消耗

職場是大部分人一生要待三分之二生命時間的地方，甚至，可能你和主管、同事、客戶所相處的時間，比起家人更長，真可謂「好的職場帶你上天堂，壞的職場讓你入地獄」。它攸關的不只是你養家餬口的薪水，也攸關你的身心健康狀況和生活品質。

相信很多人常默默承受他人的不當對待與言語傷害，以避免撕破臉，不讓自己成為讓人印象不好，或被批評、質疑的人。但是，若對方已非常明確及具體的以言語行為做出侵擾你的事實，那麼「避免撕破臉」不是你的責任和義務，有力、具體、明確的拒絕對方這種行為和態度，才是真正重要的事。

不要以「對方又不會改變」來說服自己持續無力或無感的忍受及壓抑，**忍耐和壓抑的後果往往是最激烈的，可能是爆裂式的關係毀滅，也可能是個人被壓垮、崩塌。**你需要理解，對方的行為，呈現的可能是他缺陷的人格、不良的心態和行為問題；你表達不願意接受戲謔、騷擾、羞辱或侵犯的言語行為，是你的立場和態度，並沒有錯。

不要抹滅你個人的存在價值和意義，許多人會以社會條件和階層來說服自己必須忍耐，並在緊要關頭，背棄和忽視自己的感受、一味承受，甚至一同站到別人那邊反過來侮辱自己。這是對自己最大的背叛和遺棄，也是你循環累積傷害的開始。就算這世界不會如你期待的上演「平反」、「完美」、「正義」的情節，但都不意謂著你必須漠視自己，把自己虛空和模糊化，只為了承擔「不要撕破臉」的壓力。

在職場上，訴諸理性比訴諸情感重要且可貴，一個職場若時常無法就事論事，不是上演全武行、情緒性的針鋒相對，就是表面和諧，但私底下害怕得罪誰而遭受莫名排擠及職場霸凌，沒有共同合作的基本原則和態度，也無法建立客觀的工作準則，而是取決於主管個人的喜惡和情緒，任由領導者在職場裡興風作浪，那絕對是一個部門或單位的不幸。

這些領導者還保有過往傳統文化中的不當思想，猶如明清時代一般，以為自己有點頭銜或位階就耀武揚威，以為自己是至高無上的君王，唯我獨尊，對看不上眼或沒有利用價值的人不屑一顧，不然就頤指氣使的發號施令，把別人當作奴僕，完全沒有平等相待、相互尊重的概念。

這是某種程度的心智僵化，不論現代已是幾世紀，他們仍無法理解，也沒有文化敏感度，不知道時代正不斷轉型、修正，反而更加固執在自己僵化的思維和慣性中，表現出某種自我優越及自戀，透過審視一個人的階級地位來判定彼此的上下優劣關係。

甚至一旦他認定你地位比他低、弱，不只口氣言行舉止隨便，還會認為在下位者的各種資源都是屬於他的，他要使用、利用、侵占都是理所當然的事，絲毫沒有人與人之間需要個體分化、關係界限，個體私人範圍不容侵犯的觀念。

每當社會在談職場性騷擾時，這種含糊、觀念不清，把「隨便」當作「友善」、把「侵犯」當作「親近」的言論就會跑出來，像是：「我是表達對你的親近和喜歡，哪知道你會介意？會讓你感到不舒服？」「我是把你當自己人，才對你講話不客套，比較直接，我怎麼知道你那麼敏感？」諸如這些合理化自己輕蔑和侮慢態度的說法，在我們的職場裡特別容易聽到。

然而，說這些話的人，就如他言詞所表達的，他真的是這麼認為，理所當然的認定人與人之間不存在個體性，也不存在界限，以致只要他認為想怎麼樣對待別人、想採取什麼樣的互動方式，另一個人就必須無異議的接受。這就是所謂不具同理心、缺乏換位思考能力的人所會發生的情況。

如果一個職場文化充斥傳統階級思維，或由各種抱持封閉及權威思想的人組成，那麼處於所謂的下位階者，就必須無條件的像奴僕一般服侍上位者，沒有工作範圍和職責界定，所有權責都劃分不清，每個人面對工作不是用推的就是用躲的，讓無力應對的人只能默默承受。

這樣的職場，認為即使把人消耗掉也不足為惜，消耗掉一個再換一個就是了，不把人視為正向人力資本，當然也不會思考如何友善及增進部門和單位人員的身心健康及能力發展。

現今社會還存在這類型的職場，你要多為自己辨識，究竟一個職場是把人當人對待，還是把人當工具和消耗品看待，這兩種觀點與思維，將決定一個職場是往正面永續發展的方向，還是往負面消耗的方向。

當然，員工消耗公司或部門的情況也所在多有，把公司當成自己的資源與擁有物，而不是需要共同維護及彼此效力的地方。能推的工作都往外推，能侵占的好處都盡量搶奪，有這樣的員工或主管，也是部門的識人失誤。

但通常有什麼樣的主管可能就會吸引什麼樣的下屬，如果這樣不當的文化影響到整個公司或部門，而你自己深知不是同類人，不想要消耗自己也不想消耗別人，更不想浪費生命，那麼識時務者為俊傑，不要過於理想，一味期待有美好的轉變，反而要能理解，職場是由一群人所組成的工作環境，不用歃血為盟、不必海誓山盟，當見到情勢已一發不可收拾、每況愈下時，還是要清醒的為自己的發展另做規劃和打算。

這麼說不是指你不能與人共患難，而是共患難是否有價值，是否有著共同目標與願景，是否真的能共創夢想或希望？如果你並非是一同決策、共同商議的人，卻想用真心看待職場關係，那麼你需要留意的是自己的想像究竟是什麼？你又希望透過自我犧牲或自我耗損獲得什麼？如果你是因為害怕沒工作、沒薪水，那這個問題就簡單了，因為你只要對得起一份薪水、一份工作的職責就夠了，不需要背負超出的責任。

然而，以對人性的了解，通常矛盾與拉扯的原因不會這麼表面和粗淺，還是與內在系統的各種認知糾結、情感界限混亂有關。除非釐清自己，不然就難以化解「理智上雖知道、行為卻做不了決定」的困窘處境。

在職場或其他人際關係中，若許多時候都是彼此猜測、懷疑，各自進入自己編寫的內心劇情，把自己視為受害者，把他人皆視為加害者，這也是一種十分消耗的情況，不只是不安全感讓身心處於緊繃備戰的壓力中，還讓自己處於受害者的世界觀裡，只能任由別人傷害及迫害，處於一種自主失能的狀態。

當一個人時常覺得「被指責」或「被批評」，是很難好好說話和對話的。覺得被對方「攻擊」了，自然難受到想去對抗、去「戰」，或想「逃」、趕快躲著療傷。

雖然很難，但我們要練習停止耗損的第一步，就是把別人的所言所行、所呈現的樣貌都還給那個人，看見和聽見他的呈現和陳述，但不落入自動化認知判斷為「對方是在說我」、「對方正在指責我」、「我被罵了」，我們才可能真的聽見和看見對方所呈現出的三觀（價值觀、人生觀、世界觀），以及他真正的動機與目的，避免對號入座、自投羅網，被我們自己所認為的判斷「誤傷」了。

無論任何人際互動，都試著先實行第一步：客觀觀察。練好第一步，等於先站穩腳步，減少立即產出的對戰和互鬥反應、彼此損耗。即使對方真的有意耗損你、與你爭鬥，你也可以識清情勢，選擇不配合演出、不擔任配角，盡快脫鉤、斷開惡性的人際鎖鏈。

2. 不健康人際關係的消耗

說到不健康的人際關係，最常見的消耗，就是停不下來的比較、爭風吃醋、針鋒相對，總有一波未平一波又起的爭執、埋怨及責備，也就是處於無盡的負面循環，糟可以更糟，耗損可以再耗損，無窮無盡、沒完沒了。

無論是一對一，還是對群體，這樣的關係互動若是常態，幾乎沒有正向的互動，人們在關係中被消耗或彼此消耗，最後留下亂七八糟的感覺，甚或像逃命一樣的必須切斷關係、遠離關係，才得以告一個段落。如此耗費精神能量才能獲得平靜平衡的關係，就可說是不健康、不安全的人際關係。

心中充滿埋怨和不滿情緒的人，你是無法改變他的。若他沒有意識或自覺到自己受傷、受挫或情緒超載的狀態，也沒有意識到要為自己的情緒狀態負起處理的責任，只靠不斷向另一個人發洩、尋求安慰，不停的釋放滿腹委屈和不平，那只會讓身邊的人際關係一起沉淪，遭受波及，就如一棟樓不慎失火，隔壁棟樓通常也會受到牽連的道理。基本上，我們可以選擇移動，保持自己的彈性和界限，不讓這樣的人滲透或壓迫到自己，造成動彈不得，使自己成為他情緒下的受暴者、受傷者。

情緒施暴者通常無自覺，意識不到他自己的暴力和攻擊性，當他被自己的情緒支配時，他是情緒的俘虜，只能任由自己的情緒咆哮、爆炸、埋怨，摧毀四周。他無法真正感知那些情緒的張力與能量，是如何引發旁人的不適、痛苦及不安。但我們仍然可以選擇不認同也不接受，同時維護住自己的健康信念，維護好自己的身心和生活品質，做一個保持善待自己的人。

在我們無法決定別人行為的前提下，當我們遇到身上裝有情緒地雷的人，你需要有足夠的防護設備，就像拆除炸彈需要拆彈專家，絕對不是一般人隨便可以辦到的。

所以我們不只要對情緒地雷有相關的知識，還要具備能與裝有情緒地雷者應對的技術，最後還要有能免於被炸彈波及的防護能力。關鍵在於自我有沒有足夠的支持力和界限防護力，如果這些還無法裝備齊全，那我們當然就先離炸彈越遠越好。

另一類不健康的人際關係，屬於無情感能力、無愛能力的人。他們無法與人建立安全感與信任感，因此他們在建立需要生理和心理都平衡、有安全感及信任感的親密關係時，就會顯得困乏而無能。

過去的年代太重視「生存」，以致於許多人長大後有生存能力，情感卻是空虛且空洞，於是生了孩子，要孩子來補足情感依賴的需求，希望孩子不要長大，甚至失去基本自主能力，好讓孩子因為依賴而離不開自己。於是下一代不僅缺失了生存能力，情感能力也在被挾持下發展得半生不熟。

一個人與他人疏離、斷裂，阻斷關係的親近和連結，最大的問題不在於他拒絕了關係，而是他漠視了自己，他不再認為自己是一個需要情感的人，也否認了自己內心需要有人交流和陪伴的事實。看似他和周圍的人阻斷了心理的交流，只剩生物性的生理需求，實質上則是阻斷了和自己的一切情感連結和需要。

他的情感將空乏、匱乏，就如同他對待自己，也是忽視、漠不關心和感到無意義的。這種空心人，對很多事情漠不關心、無同理心、無連結力，若有人以情感支持他、關心他，可能也會慢慢的耗損、耗竭，因為得到回饋的機會不大，因此情感會慢慢枯竭，最終走到掏空、匱乏的結局。

但這不是他的錯，因為他已經長成了所有過往經歷促使他長成的模樣，你若在他身邊，要調整的反而是你想得到回饋的期待，以及得不到回饋的孤單與空虛，這才是你需要承認及面對的事實。

在生活中，你可能還會遇到另一種人也會造成消耗性的不健康人際關係，他言談間盡是明嘲暗諷，不是貶低你就是輕視你，常拿別人的成就來否定你，但有時那根本也不是「成就」，僅是一種表面的不同，就可以將別人和你比較半天。這種情況，你可以試著理解此人的心態，包含他的認知和行為模式，通常出於兩種情況：

第一種，你實在很優秀，至少有他羨慕或嫉妒的地方，自卑令他感到憤怒或不平，在酸葡萄心態下，因無法承認你較優秀，所以嘲諷你、用取笑和酸諷來壓低你的地位，折損你的優異能力或成績，藉此讓他以為修理、羞辱到你了。

第二種，你即使沒有讓他羨慕或嫉妒的地方，但相對於周圍的其他人，你相對溫和而客氣、無威脅感，所以是一個可以安全轉嫁他受到否定和貶抑痛苦的人，也就是找下一個受害者來施行精神暴力，製造下一個代罪羔羊。

基本上，以上兩種情況，都與你無關，如果有關，可能是你剛好出現在他附近，所以離他遠一點，你的空氣就會清新起來，也不用反覆懷疑自己的人生。

某個層面，這也算是屬於心理素質不良的情況，想以情感操控來弱化你的價值，讓你懷疑自己的存在價值，也讓你對自己的身分認同感到模糊，甚至在被操縱的情況下，損及自我的自尊和自主權，讓你忘了你是你自己，以致維護不了自己的基本界限。

其實你要了解，真正友善和正向的關係中，這種負面互動方式根本不會出現。因為正向良好的關係，完全不需要以這種方式來讓別人感到不舒服，再故做是開玩笑或無心之過，以為這樣是拉近關係或展現有趣、幽默。如果有人真的這樣以為，那就是他的人際關係素養不足。

因為在真正友善和值得信任的關係下，每個人都會守護這段關係，讓關係中的彼此能感到安全和尊重。

愛和友善止步的地方才會充滿操弄和算計，然而，若你能清晰辨識出人性的詭詐和陰暗面，那麼你可以思考，你要和對方一起做這人生的課題嗎？這是他的功課，還是你的功課？你有責任做他的教材或道具嗎？

如果，很清楚那是他的功課，你沒有必要擔任他的教材和道具，那麼，你要把他的明嘲暗諷歸還給他，無論他怎麼想、怎麼認為、如何評論，那都與你無關，除非你認為他的評論對你很重要、中肯，是你需要及看重的，甚至可以讓對方的思想和評論統治你的人生。這麼做當然是不健康的，但不健康的行為還是有許多人會去選擇，這屬於個人自主範圍，他人無法控制與左右。

這種不健康共生的課題，是生命成長經驗所塑造，缺乏個體性發展能力的人，分離不出自己的個體，無法完成自我獨立，也時常失去自我肯定和自我認同的能力，需要強烈依附他人的認同，也深陷於他人的評價中，對人心歷程的複雜運作和投射所知有限，習慣以天真單純、不想太多、不求甚解的方式來面對複雜的人際社會。

如果這是你的人生處境，你需要鍛鍊和建構關於自我的能力，能獨立思考、自主行動、增加自己的見識和視野，累積生命歷練和真實應對的能力，並且多了解人性——多認識自己，也多認識他人。

回到人性，每個人都是由複雜的多種元素所組成，人與人之間有共通之處，也有其獨特風格，但無論如何，你是你，別人是別人。你若能增進自我的獨立性，多認識自己，就能多辨識出別人的動機和目的，不會從別人混淆視聽的評論中來認識自己，試圖藉由別人的言行舉止來照映出自己的模樣。

至於人際關係的情緒消耗，只要有人的地方難免就會有互動，人的情緒就必然會有來有往，你無法抹滅人類有情緒的事實，也無法控制每個人都能具有情緒方面的智識和能力，可以自控好情緒、做好情緒界限的分化與情感管理。所以你需要專心聚焦在自己身上，畢竟和善於情緒消耗別人的人交手，重要的是全身而退，而不是落入兩敗俱傷或你死我活的局面，這就取決於一個人內在的沉穩度和定力。能不隨風起舞，多認識情感操縱的陷阱型態，並且持續發展自我個體性的完整和成熟，即能成為獨當一面的成人。

3. 社會環境與網路社群的消耗

因為網路的發達興盛，現代人在網路上的時間，遠比真實和人、團體互動時間還多，不論是在通訊軟體上和人交談、看影音影片，或在網頁及各種平台上瀏覽，都顯示網路占據現代人的大部分生活。

根據國發會「一〇九年數位發展調查」顯示，台灣有四十萬人曾於網路線上遭言論攻擊，調查指出台灣十二歲以上民眾中，每三人就有二人參與社群活動（六六．五％），且有四五．七％最近三個月曾於社群媒體或部落格發表貼文、上傳照片或影片，但使用社群存在遭遇網路霸凌的風險，以十二歲以上全體人口計算，台灣約有一．九％的人遭遇網路霸凌問題。不要小看網路的敵意和攻擊，那種沒有邊界、看不見盡頭的騷擾或散布謠言，足以讓一個人精神城牆瓦解。

網路是一個虛擬的世界，為人類社群生活帶來各種迅速與便利的互動，從線上課程與論壇、網路社群參與，再到立即短訊和各類交友聊天室，皆讓現代人的社交及生活無法缺少網路。

但也因此，網路攻擊與霸凌現象成了不可避免的社會問題。網路興起與資訊科技的進步，除了帶給我們方便外，也帶給我們另一種社會問題——運用資訊科技來中傷、霸凌他人，使得網路霸凌成為另一種霸凌型式。

一旦遭遇網路抹黑、中傷，可能會持續數月時間，在跨越地理與時間限制的情況下，被大量湧進的留言、私訊、貼文、轉發所攻擊，如此大規模的公審式行為，讓當事人難以招架，而網路或網站上也無實質上的管制、禁止、規範與措施，能終止惡意的網路言行，往往只能靠當事人一個人承受和努力復原。

兒童福利聯盟發布的「二〇二一台灣學生網路霸凌現況調查」，發現近八成兒少認為現在網路霸凌情形嚴重，卻有高達近六成認為「講了也沒用」、近五成怕越處理越糟，可說近五至六成的兒少對於網路霸凌的認知和態度偏向消極和無助，這也可能影響遭遇網路霸凌後的身心狀態、學習狀態和人際關係狀態。

調查也指出，兒少遭網路霸凌的平台以通訊軟體最高，社群網站其次，遊戲對話框也是其中一種方式。霸凌者則以同學或朋友占近八成最多，陌生人有二成一，網友占一成六，顯見網路霸凌事件多與現實認識的人際有關，另有一些則是透過網路接觸而遇到的網友及陌生人。

只要使用網路，無論是通訊、社群媒體或電競遊戲，在某些不當資訊的傳遞下，加上各自的成長背景會如何解讀網路上出現的文字、符號、訊息，又會做出什麼反應和應對，就更難掌握及控制。

畢竟真實社會環境，有行之已久的社會規範，界定出人與人之間該有的行為界限；而網路社會雖然已發展多年，但要形成網路的社會規範仍有相當的難度。尤其對一個認為開放、自由是核心價值的社會來說，面對缺乏自律和倫理思考的網路用戶，是很難約束及管控，也就造成了為什麼許多真實社會中會避免和克制的行為，像是言語辱罵、語言暴力、不實訊息毀謗、惡意栽贓、造謠、騷擾等情況在網路上層出不窮，主要還是因為隔了螢幕所帶來的免責感，以為「只是說說又沒什麼」的錯覺，不認為對另一個接收到這些惡意的人而言，會有多大的身心痛苦及傷害。

若仔細觀察就會發現，當社會環境發生許多不幸或衝突事件，例如疫情、社會重大案件、選舉、景氣蕭條等情況，網路上的惡意及攻擊訊息就會滿天飛，時時刻刻從你身邊的網路媒介推播給你，讓你內心感到莫名惶恐，好似某些不好的事即將發生在你身上，以致你心緒不定，總存有不好的念頭與感受。然而，如果你能打開門，出去戶外走走，逛逛公園、看看天空，觀察一下行走的人們、車水馬龍的街道，你的秩序與平靜感就會回來，發現其實這世界還是平靜安好的，不再被某種無法形容的不安感吞沒，回到現實生活。

科技確實帶來便利、網路帶來資訊發達，然而，這樣的進步及發展，為你的人生帶來什麼影響呢？是焦慮、不安，被網路的訊息侵擾嗎？還是打開有限的生活範圍，擴展更多的視野格局呢？這是活在網路時代的每個人都要覺察及進一步思考的。

4. 家庭與伴侶關係的消耗

家庭是一個人誕生的原產地，無從選擇。當你誕生時，很多情況與條件大致底定了，例如出生地、社區環境、住處空間，再到父母的性格特質、社會經歷、彼此的關係狀態，以及各自與原生家庭和姻親家庭的關係品質，大致形成了一個人的生存框架，他們給了你一個如何生存與生活的模版與型態，要你遵從與符合這樣的設定活著。

如個體心理學之父阿爾弗雷德．阿德勒（Alfred Adler）所說：「一個人嘗試去適應他所居住的環境，因而顯現出來的特殊作風。性格特點是一個人的整體人格（Personality）在獲取認同及意義時，所使用的工具和計策，其在人格中的存在就等於是生活『技巧』。」所以為了活下來，為了應對你所居住的生活環境，為了得到認同與渴求實現的意義，你需要發展一系列的性格、特質，以應付你的日常生活，這也是你必要的生存技巧。

生存越是不容易，當然你的消耗就越大。而情緒最消耗的家庭場景，莫過於許多時候在一個家庭裡，時常要應付各種讓人身心俱疲的訊息，像是「期待」、「要求」、「指責」、「威脅」與「比較」。也就是原本要成為你最安全的避風港、最安心的歸屬，卻成為你日日夜夜最驚慌、無助、不知所措、倍感威脅的地方，多待一天，敏感神經就更緊繃。

有人在原生家庭幾乎不曾感受到放鬆、快樂、溫暖、愉悅、滿足的情感經驗，因為在傳統文化及聖賢道德的框架下，正向的情感經驗都與墮落、懈怠、懶散、愚笨、不知進取等評價相關，以致正向情感經驗完全為零；但自我批判、自我嫌棄、自我歸咎與自責，幾乎是家常便飯，日復一日、日以繼夜。

這種衍生的「過度自我要求」性格，是從小到大運作的正常情況，要是不凡事訴諸自己、歸咎自己，他就不知道要如何看待問題、分析問題。也不乏有人帶著這樣的慣性，投入到親密關係中，無論在情侶關係或婚姻關係中，凡事歸咎自己，也毫不遲疑的凡事要求別人（通常會是他認為地位比他低、權力比他弱的人，或他有義務去要求的人）。

「自我要求」性格，是你過去面對原生家庭關係的生存方式，以此來確保父母（大人）的愛，以為只要不斷要求自己，讓他們滿意，他們就會關注你，會願意愛你，肯定你的存在價值。但是如果你因此以「自我要求」投入在成人關係裡，特別是親密關係中，那麼，你會活得卑微，也無法真的獲得存在價值的肯定，反而會被耗損、被歸咎許多生命的責任，要你一個人承擔及負責。然後又因為過度自我要求、過度付出後，心生怨懟與不平，開始以要求的態度，指指點點對方的麻木不仁、無情無義。

關係糾結拉扯後，也許到最後，當你無法再給予、身心匱乏崩潰時，無法再努力去滿足對方時，他因此轉頭而去，往另一個可以供應他、滿足他的人走去，畢竟他當初會被你吸引，就是你捨命付出的模樣。最終，你以為努力到最後一定會得到心中想要的關係，結果還是沒有發生，然而，你卻耗盡自己，得不償失。

所以不要在關係裡用老套模式，想以在原生家庭生活的姿態及技能，對待與另一個人的關係，重演原生家庭的關係模式和經驗，這是最大的迷思和失誤。

成人的親密關係既為新發展、新建立的關係，就要讓關係能從彼此的認識與了解中，一同攜手建立新的相處方式，而且還要有意識的建立互為尊重的關係，願意讓親密關係成為兩人的福地，讓福至心靈，持續灌溉兩人的成長與發展，做為彼此過往童年情感缺失的支持者，而自己也能在具有修復性的關係裡，得到安全感、信任感，以及被愛護的情感經驗，讓內在真實成長，真正的成為一個成熟的人。

有些陷在童年創傷的人，以為自己注定一輩子缺失、不足、匱乏，害怕自己無法得到痊癒、害怕自己若是遲遲無法成為一個成熟穩定的成人怎麼辦？是不是自己就是「魯蛇」？就是沒救了？這些念頭想法，反而讓他停滯並且退行，滯留在過往苦痛童年的回憶裡，不斷明示、暗示自己一定不會成功、一定會失敗，終究自己會一無所有，別人會因為受不了而拋棄自己。

這就是所謂「自我應驗」的力量，自己編寫好生命腳本，自己演出，也拉人進來演出。然而其實都只是按照潛意識設定好的生命信念去一步一步實行，好證實自己就是會一輩子得不到愛、一生匱乏、一事無成。所以我常說，**這世界最會傷害你的，其實是你自己**。也許別人真的動手也動口了，確實攻擊及詆毀過你，但你在內在瞧不起自己、看輕自己，並且認同自己必須這樣活著，才是最終澈底傷害自己的人。

當然，這並不是說，情緒或情感經驗一定只能是正向，關鍵在於平衡與調節，不膠著於某一邊的情感面向，記得情感是需要調節與分享、分擔。兩人要真的能共感情緒、分享與分擔情緒的前提，在於雙方都要認識到，情緒感受雖有正負極，但指的是情緒向度而非對錯，不要把負面情緒當作是錯的，把正面情緒當作是對的，這與對錯無關，而是與我們的生活遭遇和自身詮釋有關，也和所產生的衝擊或影響有關。情緒或情感主要是用來提示我們產生了哪些感覺和反射反應，以及我們如何解讀環境的訊息。

如果家庭或親密關係對情緒有充分的認識，並有心理健康方面的素養，便能明白不需在情緒上討論對錯，而是在情緒上詢問感受，並且試著從對方的感受中傾聽、理解、支持與陪伴。然後也要對彼此的不同需求、不同感受、不同體會，給予安全的情緒包容空間，試著去共同面對、去討論、去理解。

不良的家庭氣氛與家庭文化，勢必造成生命的消耗，尤其是不穩定的性格與情緒，會讓關係中的成員就像熱鍋上的螞蟻、暴風中的枯樹。若家庭的成員能具有這樣的認知及理解，減少家內損耗，自然是再好不過，但若家庭成員認知有落差和衝突，在理解成員不同的立場、角度、身分和背景的差異性影響後，也還是要回到個體的再選擇與再決定，你的自主意識會讓你做出什麼調整？會影響到你對自己生命的想望，要如何設下你需要保留的界限，也是你做為自己最後的底線。

5. 低效能親子關係的消耗

低效能的親子關係，往往是親子無法建立正向情感關係的原因，不僅無法真實連結情感，累積情感的信任感、安全感和親密感，還在這樣相近的關係中，感受到極度的消耗及傷害，更可能是長達一生的損害及消耗，不僅無法護全生命的安全感，還可能終日活在苛責和打擊中。

有一次我走在路上，看見和聽見一對父母「圍攻」他們的孩子，輪番上陣的批評和指責大約十歲的兒子。

父母左一言、右一句（言詞中表示聽不懂兒子的表達，認為兒子沒有去問別人有沒有聽懂就自說自話，根本就是他的問題）：「你自己表達不清楚，還說你說過了！」「你表達成這樣，誰聽得懂？」「你有問過別人聽懂了嗎？」「你表達不清楚，我怎麼會聽得懂啊？」

走在後頭幾步距離外的我，也感覺好像被左勾拳、右勾拳的猛攻，壓力感爆棚，無法想像若一個孩子日日活在這樣似被圍剿的處境，他的身心壓力該有多大？

又會如何影響他成年後與人的互動？如何影響他自己的身心壓力呢？心裡就不免嘆氣。孩子生得少，一對大人面對一個小孩，美其名是教育，但是對身心和社會資源相對弱勢的孩子而言，幼小的身心究竟會在這樣的處境中經歷到什麼呢？

我有許多機會聽到家中獨生子女長大後的心路歷程，他們自有記憶以來，就要應對一個大人或兩個大人的脾氣、情緒、喜惡，家長的體格與力氣都比小孩大得多了，例如突然間被莫名吼罵、被歇斯底里怒打，有時候根本還弄不清楚自己錯在哪裡，就遭到一連串的指責、羞辱。甚至有些大人失控亂摔物品，並說出各種難聽及後悔生下他們的言論。

他們只記得那些具有張力的情緒風暴、那些可怕至極的場面，以及後來面對聲音的過度敏感與驚慌，卻還是不知道自己為什麼要遭遇這樣的經驗？究竟是有多大的錯誤要被往死裡打？

我記得曾經有一位成人，在敘說他的家庭記憶後，他說：「我感覺到我的父母很恨我，好像我是他們的仇人似的，我不懂他們為什麼要花費許多心力生下一個孩子後把他當作仇人？」

身為一個進行複雜性童年創傷的治療者，每一次聽到那些痛苦不堪、驚慌失措、無助無力的生命回溯時，我都可以感受到自己的神經緊繃、體內翻攪，就更不用說有著複雜性童年創傷的個體他們身上所積累的一次次驚嚇、一次次恐慌與無助，在他們大腦及身體上形成的神經症壓力症候群。

即使不是獨生子女，不用一個人承受和負擔，有其他手足或其他親戚共同生活及居住的情況下，有些童年親子關係的經驗，還是極具威脅性和破壞性。例如夜半被莫名叫起來咒罵、命令下跪、被撕作業本、忍受酒醉父母的咆哮，又或是沒來由的懲罰。

德裔美國精神病學家卡倫・荷妮（Karen Horney）的研究發現，當父母對兒童做出各種支配、冷漠或怪癖行為，對兒童個人需要缺乏尊重、缺乏真誠指導，並帶有輕蔑的態度；或過分誇耀頌揚或缺乏讚揚、缺乏令人信賴的溫暖；隔絕和其他同齡孩子的交往；生活中充滿著不公正、歧視、不守信用、具有敵意的氣氛等，這些情況是孩子精神層面遭受莫大傷害與破壞的開端（記載在《我們時代的病態人格》），而常見的後果之一是「神經症的罪疚感」。

我相信明智的父母親並不希望讓孩子過度承受不屬於他的責任，因為孩子也有自己的人生要去經歷、摸索及發展。一個受限於家庭環境，並在家庭的情感經驗上過度缺失、斷連，或被要求快速獨立長大（有時候孩子只有三歲，就開始被強調應該靠自己，這是假性獨立），許多情況是父母未自覺自己的焦慮，或自己的生活處境問題及瑣事太多，已無足夠的心力面對教養過程。不可否認，當一個大人耗竭了，生活過度艱難，他還有什麼體力和能量，能去好好對孩子說話、傳遞情感、溫馨理解及安穩陪伴呢？

所以關鍵在於，一個家庭的父母需要對自身、職場及照顧方面的壓力有所覺知，來得及調節及平衡，當然自我關照與愛護是免不了的，然而單單只強調要正向教養是行不通的。因為若能正向教養，誰都希望家庭與親子經驗是快樂及健康的，而難就難在於，過往傳統的家庭，情感經驗較缺乏，及各種束縛和僵化的認知框架塑造下，確實很難突破既定的認知思維及性格習性所造成的自動化行為。再加上社會環境生存問題的嚴苛或過於壓榨，都會連帶影響家庭內的親子關係品質，朝向崩解及失能的狀態。

一個心裡仍住著受傷童年的大人，內心仍是匱乏和不足的，自己也未曾經驗過什麼是正向教養和正向情感善待，已經習慣粗暴的語言和行為，也無從審視那些言行所造成的情緒及身心消耗，誤以為發洩及咒罵是情緒平衡的方式，雪上加霜的情況下，是很難真正明白好的教養關懷是什麼？孩子的各年齡階段究竟需要什麼麼像樣的適齡教導，這都成了大哉問。

所以若真心想調整親子關係的父母，我會建議，當你想給孩子一份正向態度和正向關係時，請同時也給予自己內心的受傷小孩正向關愛及滋養。不論是外在的親子關係，還是你與內在小孩的親子關係，只要我們願意重新學習教養的真正意義，都不嫌太晚。

可多用增進正向情感與正向關係的語言，不論是接納自我，還是試著對孩子表達，給予彼此更大的寬容空間，因為生存大不易，我們更要珍愛彼此。這些話語可以是：

1. 你已經夠好了。
2. 你的努力有目共睹。

3. 你確實盡力了。
4. 不完美也沒關係。
5. 接納所有的自己。
6. 你的感覺不好，不是你不好。
7. 有壞感覺也不要緊。
8. 事情不順利也無損你的價值。
9. 即使失敗了，你還是一樣值得被愛和尊重。
10. 痛苦會發生，但這不是你的錯，我們可以好好修復。

人類是群體動物，需要關係也需要連結，然而也因為這樣的需要，各種煩惱及認知落差也逐漸發生。

我們都需要體認人類並不完美，沒有人是完美的，完美的追求是來自自卑與匱乏，既然人是不完美的，那麼在各種關係的解答上，也沒有完美的答案，而是要因人的領悟與思考而定。

不論是什麼樣的角色與身分，又是什麼樣的關係，如果我們能思考一個問題：

「關係是否讓我幸福？而幸福的實現需要什麼樣的拓展及建構？」然後在這個問題本身，請不要只關切物質及生理需求的條件，也要注意到人的心靈及精神生活層面，需要能感受到愛與支持、理解及尊重，任何一個生命，都需要在這世界上感受到一份安然存在的位置及環境，然後得以完成自己生為一個人的價值與奧義。這樣才可能讓我們的生命，不是在消耗及糟蹋彼此中，每況愈下。

但在你還未遇到另一個也懂得不消耗生命、珍愛生命的人之前，你先有意識、能建立正確認知，是脫離消耗性情境的關鍵。就像是呼吸，當你分辨不出空氣是否受汙染之前，你也只會待在原地，無法做出任何的防護措施和應對策略，辨識不出對自己身心造成的危害究竟有多大。從意識開展，提升意識感，是改變生活負面狀態的前置作業。

改變慣性思維

接下來，我們要談一個困難的問題：「改變如何發生？」為何人要改變觀念或行為這麼困難？人明明有學習力，但為何無法提升新認知，與時俱進的學習新觀念與運用新方法呢？為何解構不適合的認知和習慣，建構適合的認知與新行為這麼困難呢？這些令人百思不解的問題，認知行為科學家長期都在研究。

因為人是慣性的動物，受到制約後，很容易受自身主觀經驗的支配，若慣用長久負面認知及情緒做反應，以直覺快速判斷及推論，那麼就很難啟動反思型的邏輯推論，來進行前因後果的思考和自身反應的反思。

直覺推論是以情緒激發為反應來源，很少去觀察客觀事實，常落入「我這樣認為就是正確的」、「我的直覺最準」，以致更容易陷入自己思考的誤區中，無法練就邏輯性推論的轉換觀點，以及多元角度換位思考的能力。

這樣運作下去，除了深信自己是對的、唯一正確，卻對生活的問題沒有幫助，既無方法真的去面對和解決，也常落入既定判斷下的無能為力。慣用直覺推論者，常說的話包括：

「沒用啦！做什麼都沒用啦！」

「別人才不會把我當一回事。」

「事情沒有想的那麼容易啦！行不通的。」

「什麼都不要嘗試改變，最安全。」

「這世界都一樣啦！你只能自己忍受。」

如果這樣長期下去，會發生什麼事呢？那就是大腦認知的僵化，然後到硬化，最後到石化，也就是說，長期運作下，大腦會不再靈活，也不再思考，就像是跑不動的汽車，只有輪子和車型，卻不再行駛。

你有看過非常固執己見，並且拒絕與人溝通交談的人吧！特別是一些上了年紀的人，當大腦思維無法再靈活轉動，也無法吸收新資訊時，他的言行舉止數十年如一日，活一輩子就像活一天而已，千篇一律。這樣的現象，便是失去心智靈活性，更可能發生認知功能障礙，生活日新月異的變化，都與他無關。如此一來這個人也只能在僵化的認知、固著的生活模式中，受困於自己的認定及無效的應對方式。

能夠讓心智有效處理資訊，也算是幫身心省力省電的方法。很多人會用「麻煩的事不要多想就沒事了」、「既然想起來很煩就別理會吧！太燒惱了」、「怎麼想也繞不出死胡同，好累，還是算了」等方式，來減少費力或逃離困難的感覺，以為這樣就不會受情緒牽扯干擾。久而久之，還是不會處理外界訊息，尤其是人際關係訊息，總是懶得說、懶得想、什麼事都算了，然後蒙頭睡或做其他消遣轉移注意力。所以遇到同樣情境及類似問題，不是置之不理就是假裝沒事，讓問題繼續惡化；也可能因為迴避問題而造成人際關係的惡性循環，埋怨及仇恨值越滾越大。

情緒若是渲染或不停陷落，我們可以設下煞車系統，不要發生過快暴衝，但不是迴避及置之不理。

越不理會就越陌生、越陌生就越會感到壓力，這是很多人面對訊息的反應，只要一感覺到任何訊息、訊號，立刻關閉接觸機會、切斷訊號，以各種防衛機制去阻擋、否認，使得心智方面的防衛系統始終處於第一層或第二層，像是認知的退化和行為的退行，隨著年齡的增長，越來越僵化固執。

四面向活化你的思考力

在心智的心理活動歷程，可參考美國心理學臨床教授丹尼爾．席格（Daniel J. Siegel）的著作《覺察》（*Aware*）。心智四面向是由意識、主觀經驗、資訊處理和自我組織所組成、建構的心智系統（見圖表11-1）。

若是我們受一些外界訊息激發內在的波動或反應，為了減少後來反覆在不明情況下不斷地受到激發，備感身心消耗，可以稍微停頓情緒的激發，例如：正念呼吸、走動一下、放鬆活動、注意其他不相干事物，讓受到激發的情緒踩個煞車，待較平復後，再進行覺察內在的心智處理歷程：

意識：觀察及覺知到自己注意到什麼？外界的什麼訊息被你關注到？例如話語、眼神、姿態、行為、動作、口氣。一般來說，勾動我們內在有所反應的，大多來自我們所在乎和重視的，也就是有對應到我們內在系統的參考架構，所以我們擷取到這些訊息，無論是認同或不認同，如果要進一步探索及了解，就會與「主觀經驗」有關。

主觀經驗：從覺察到自己注意了什麼，提升「意識」後，接著可以反問自己，這些意識到的部分有哪些主觀經驗的連結，或涉入哪些主觀經驗的判斷及解讀。因為人深受過往經驗影響，經驗會留存大量的個人感受、情緒、認知（詮釋與解讀），因此

圖表 11-1　心智四面向

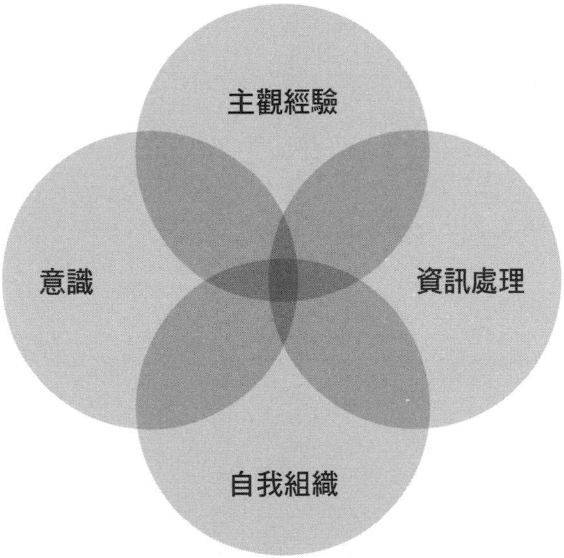

即使在一個新的人際情境、社會環境中，除非我們能盡量以客觀的角度來觀察及知覺情境，不然我們大多是根據過往的經驗就啟動了直接反應。因此覺察、反思是重要的，若沒有覺察，就無從注意到有什麼主觀經驗涉入？有哪些主觀經驗被觸發？

資訊處理：透過「意識」及「主觀經驗」的覺知，此時所有覺察到的內容是大量的資訊，交織及相互牽動，可能也混雜一起，因此需要一些處理過程。無論是進行歸納、分析或進行資訊的脈絡理解，我認為重要的處理是透過辨識、分門別類來整理雜亂訊息。就像為一間很亂、各類東西混雜的房間，進行清理和收納的過程，直到恢復秩序與清靜。

自我組織：在「資訊處理」後，會產生整頓過後的決議或決策，也是一種猶如「結論」的型態。在處理程序後，基本上可以讓這個衝擊或事件激發告一段落，產生初步的內部共識，同時也可能產生一種領悟：「啊！原來是這麼一回事！」當你能夠看見及發現自己的起心動念、所思所想的啟動及推動，在深知源由及脈絡後，你會出現不同的想法啟發，也可能產生新的行為選擇。

我們之所以能讓一個反覆受刺激、受激發的情況停止下來，真正有一個停損的決定，往往來自內在能夠強化出「再選擇」的力量——賦予自己再選擇的動機和權利，不是老是告訴自己「沒辦法，我不得不」。

當你願意賦予自己權利，相信及認同自己有不同的選擇權，也可以創造不同的生活品質，並且相信自己可以實現擁有幸福感的生命，你會開始去嘗試不同的學習機會；經過啟發、訓練、建設的過程，培育和鍛造自己的自我真實茁壯，不是虛空再淘空的疲於奔命應付這個世界。當你真正有力量時，才可能開始有意識的為自己進行各種取捨，包括斷捨離那些吞蝕你、消耗你、削弱你的人事物，真實掌握終止和拒絕消耗的勇氣及智慧。

12

毒性情緒需要斷捨離

對一個人進行最大的操控和剝奪，就是讓他深信：

1. 你什麼都不是。
2. 你什麼都做不好。
3. 你很糟糕、毫無能力。
4. 你不值得信賴。
5. 無論你做什麼都沒用。

這些關於弱化自尊、貶低存在價值的精神操控話語，若是從小就聽，一路聽到大的話，自我養成的過程將會虛弱無力、建構不全。除此之外，最大的影響便是放棄自我的能力和權利，什麼都做不了，還沒嘗試就先放棄了。

根深柢固相信自己是「失敗者」，「失敗」的信念會很難消除，其影響是深信自己沒有資格、沒有價值與毫無能力，即使和客觀事實差異很大，還是會這樣認定自己、否定自己。

混淆不清的認知和自動化啟動的情感反應，長久下來，會造成我們的主體感模糊化、空洞化，還會讓認知能力受損，造成人際關係的偏失和自我壓抑，也累積不必要的痛苦壓力。那些信念會成為你的底層邏輯、個人生命邏輯，非理性的認為自己「沒價值」、「是次等的」、「賠錢貨」，沒有價值與資格去獲得及擁有「夠好」的東西，連快樂和幸福都是奢侈、妄想。

因此，你只能被人用最低成本對待，給你最少的資源、最低價的物品，用最不費力的方式，卻要你付出你的體力、心力、勞力及服務，任由他人指揮和管制、命令和要求，甚至統治你。

當生命處於低階，無論家庭或心理地位都是最卑微者，往往等於人生沒有自主權、選擇權和自給自足的能力，只能是別人的殖民地，被占據和剝奪，直到一切被搜刮殆盡、被澈底濫用。

如果這是你的人生寫照，那麼你需要深思，你是如何看待自己的生命價值？是否認定自己無價值？是否認為自己必須竭盡一切來證明自己的價值，否則就一無是處？所以才會在別人向你索求時，你要自己務必鞠躬盡瘁，以表自己的忠誠和好用、耐用（見圖表12-1）。

複雜的人生，要有處理複雜的能力

人生其實很複雜，處理複雜前要先洞悉複雜，包括複雜的人性和複雜的情境。然而雖然事情很複雜，還是要從基本的應對開始學習，包括釐清動機與目的、洞悉人性的運作，接著在心智覺察與整理過後，明確表達自己的需求及立場。這一系列的資訊處理過程，尤其有助練習「拒絕」。

對於自己的界限或當下需求越無法確認的人（一下子衝出一堆「應該」和自動化恐懼），就越無法相信自己的感覺和需求，也無法為自己做出明確的表達。總是猶豫不決，也會來回拉扯自己、質疑自己又反覆推翻自己，落入過度自我反省和自責愧疚的狀態。

如果無法立即拒絕太複雜或太龐大的阻礙（例如面對權威人物的壓制和命令），可以從非常小規模、小單位、小事件的地方，不會引發太強烈威脅感，以致理智思緒當機，為自己表達出「拒絕」。如果你內心是感到自信及安穩的，你的拒絕方式甚至可以有創意和幽默。但人只要緊繃、如臨大敵，就像是小白兔遇到了大老虎、大獅子，過於超出身心負荷的情況下，人就僵硬了、腦袋也轉不動了，萌生創意和輕鬆應對就變得不太可能了。當然，這很需要累積經驗，熟能生巧，才可能應對自如。

我遇過不少人提及：「在面對不知如何拒絕不當要求及對待時，感到不知所措，身心明顯不適，但身體卻動彈不得，常在事後才很懊悔自己為什麼當下沒有為自己說明清楚，或表達清楚拒絕的態度？」

相信若本書一路看下來，會知道這個情況的複雜性，不論是身體

圖表 12-1　「請求幫助」與「情感勒索」的不同

1. 請求幫助是有合理的範圍；情感勒索是要求無極限。
2. 請求幫助是在自我負責下，接受他人的協助；情感勒索是不自我負責下，要求他人負責。
3. 請求幫助會以尊重、禮貌的態度詢問；情感勒索是認定他人有義務須使命必達。
4. 請求幫助會理解他人有選擇權；情感勒索是認定他人應該符合要求、不許拒絕。

自主神經系統的自動反應，又或是認知方面的偏誤認知，以及內心底層邏輯的自我價值感欠缺、自尊和自我認同不穩定，還有過往的情緒陰影強烈觸發、威脅感被引爆，都會使一個人因為感受到危險而產生過多的身心資訊，以致身心超載而難以靈活因應的原因。

如果要漸漸找回自主權，建構對自己的自控力，那麼你需要覺察你是如何評價「拒絕」和「取捨」的反應。從你的生命歷史及文化框架下探尋，尤其不要忽略你的性別角色塑造、家庭出生排行的教養方式，是如何建構你對「拒絕」的看法和感覺。

不少人，尤其是傳統女性的性別塑造和教條訓示裡，把「拒絕」視為罪惡，塑造好女人是不拒絕的、會幫所有人承擔問題、照顧所有人的需要，而且不會讓人有嫌惡和不滿意的地方，事事要盡善盡美、乖巧聽話、溫順討人喜歡等。即使性平教育已推動了數年，但對於歷代傳遞下來的性別框架和性別角色塑造，鬆動的幅度和程度都只是冰山一小角。

因此，長久被框架束縛著的人，深深內化這些性別角色模型，內心接受人們對母神的期待與投射而「聞聲救苦」，不論是自我期待或期待他人，都把對別人的呼求、需要、期待，視為自己要使命必達的任務，而這當中，完全沒有評估和確認，更沒有釐清和核對，比如這究竟是誰的責任？真正需要負責的人是誰？別人口中的「非你不可」真的是非你不可，還是一種推卸和耍賴？甚至是一種濫用和使喚？

這是長久缺乏思辨和討論能力的社會說不清楚的事，一切只能用感覺、憑直覺，用含糊而無法釐清的方式去反應與執行。

身為一位諮商心理師，在陪伴當事人探討及深入了解自己的過程，更是有感。許多人對自己不僅想不明白、說不清楚，在自我重建及修復的歷程中，更有不少一團團理不清楚的混亂價值觀，自己的、別人的、父母的、師長的、同儕的、伴侶的全混在腦袋裡內鬥；裝進來的各種衝突的、對立的、混淆的、分歧的價值觀與認知在心智裡發起戰亂，呈現四分五裂的狀態。要真正找到當事人內在真正的聲音，猶如在茫茫人海裡找一個失蹤人口，不只辨識困難、難以確認，當事人的聲音還會東躲西藏，害怕萬一現身被傷害怎麼辦。

所以，若沒有從認知檢視，覺察到自己認知信念的偏誤及受制，失去了客觀彈性的認知能力，而是用兒時被塑造及制約的方式，因為父母說、因為師長說、因為哥哥姊姊說、因為某位權威人物說……就以此取代自己的重新體認和獨立思考，等於放棄自己的思考權、話語權及獨立自由行動的權利，在放棄自己諸多權利的情況下，當然也就放棄自己可以發展的各項能力。

「拒絕」不是傷害別人而是在表達自己

如果想好好培養說「不」的拒絕能力，就在要認知方面重新建構觀念：「拒絕是一種選項，不是傷害或罪惡。」否則又會在拒絕後，不由自主的興起內疚模式，以及產生消耗精神的罪惡感，不斷質疑和批判自己，再度進入反芻的自我否定內耗循環中。

在學習表達拒絕後，還要安撫並支持自己，或尋求可以增強支持感的力量，然後強化自己的權利感（不要又想消除權利意識，把自己卑微化），認知清楚自己的用意是尊重自己、為自己的決定負責，目的不是在攻擊或否定別人。

如果你腦內經常恐嚇自己，不斷告訴自己：不能拒絕別人、拒絕別人會惹別人不高興、拒絕別人會讓人家傷心和生氣、拒絕別人會讓人覺得你心很壞很無情……那麼，你更要覺察自己是如何用這些話語綁架、威脅和操控自己，放棄維護自己的自主性和界限，以「無私無我」為名卻不停自我傷害，而這些正顯示你其實不是你自己，你只是他人的資源、財產、工具和可被支配的物品，你早已交出你自己，讓自己成為空殼人，等待別人利用你，而在如此被消耗殆盡的過程中，你的沉默認可，也是促成這個情況反覆發生的其中一項原因，因為你從來沒有說「不」，也沒有自己的主張。

你若深知自己的價值，也明白自己創造價值的投入和付出，明白自己價值的養成並不容易，那麼，你會選擇愛護自己，並讓那些與你交往、合作的人，能以尊重、肯定你價值的方式，與你互動、建立關係、形成夥伴。

所以，當你感到不平、氣憤或委屈時，那麼，也保留一點空間回來反思自己，你是如何看待自己的價值？又是什麼人生設定，讓你一定要成為低成本的服務者和供應者？甚至不須別人付出任何成本和代價，就想要你毫無保留的付出？

你的思維、信念創造你的世界。這是你覺察自己身處在什麼世界，很重要的入口。當然你大多數時候還是能以友善的態度與人互動和相處，只是你需要明白和領會如何為自己設下界限、為自己的立場和原則發聲，並且懂得去表達和協商，能具有評估的能力，在雙方互惠且都有最佳利益的情況下合作，這些過程和友善的態度從來就不是衝突的。

因為內心的害怕和恐懼，過於擔憂和認知的偏誤，確實有人以為只要為自己說話和說明、說出自己的觀點和原則，就必然會造成爭吵、大聲謾罵及怒氣相向的情況，在極端的想像和認知裡，好像不存在好好說話、理性表達、態度堅定而溫和這樣的模式。

即使是拒絕，也可以好好說話，若還有空間，也可以保持彈性的態度進行平衡觀點及立場的協商，而不是用「一定要贏」的觀點來戰個你死我活、非死即傷。

但我認為，即使是友善看待人際關係，人生裡還是存在必須快刀斬亂麻、當機立斷拒絕的對象。

現今是一個相當詭譎多變的時代，各種利用人、陷害人、侵犯人、栽贓人、操弄人及詐騙人的事越來越多，不宜過度抱持天真和善良的態度，認為凡是遇到的人、接觸到的人皆來者是善、來者是友；這是對現代社會環境的過度迴避、失去現實感且過度天真所致，以為善良就是不設防、不去預防他人的惡意；沒有界限的相信別人、與人親和，結果卻讓許多懊惱和後悔的情況重複發生，也不知道該如何修正和改變自己的認知觀點及反應模式。

如果要讓自己減少身心衝擊、避免踏入各種陷阱和操控後的損失，就要累積識人的歷練，洞悉別人的動機與目的，還有人性裡不論是生理、心理或金錢物質上的各種欲望和貪念。越是活在底層生存需求和欲望中的人，總難免想以各種哄騙拐詐的方式，去對另一個人實行併吞與侵占，在別人身上動不好的心思，畢竟品格建造和倫理思考都屬於較複雜的思維能力，要具有反思能力、覺察能力和思辨能力的人，才有機會覺知及意識自己行為的起心動念，而能監督與修正自我的言行。

遠離有毒的人和關係

一個人內在充滿批判和較量，活在害怕自己不優越和不夠有權力的狀態時，其優越情結使他渾身充滿了暴力和戾氣，是不可能讓他人和環境感受到安全。他的責備和批判總是不自覺的顯露，帶著對其他生命的貶抑和敵意，處處想要顯示自己的不凡和高人一等，卻無法意識到他人正成為救贖他自卑和陰影的祭品，不斷拿別人的痛苦來敷他內心碰不得的傷口，以為這樣就能舒緩一點他忿忿不平、難以平息的挫敗和焦慮。

因此，他當然也不會明白，他內心無法安全而平靜，任何人接觸到他也感受不到安全與平靜，只有時時保持戒備，以防範他的攻擊避開他自我為中心的數落和指責，找到機會就趕快竄逃。

他也感受不到自己內心無窮無盡希冀別人仰望和讚許，以為只要不斷數落及批評別人，別人就會知道他的優秀和厲害之處，就會知道他勝過別人、比別人優越，而給予他絕對的信服和遵從，這基本上都是自我中心的想像。他當然也不會了解這世界，需要許多合作和他人的一臂之力，需要許多力量的結合和共創益處，若只想獨占利益、支配他人生命，終將會讓人看清而與他保持距離，並了解到他性格中侵占和剝奪的惡質性，以及破壞力是何其的對環境不利。

像這樣類型的人，除了處於自戀的第一級防衛機轉下，最主要是他內心建構的「鬥」相當凶猛，幾乎沒有人文的思想和考量，只要有另一個人在身邊，就必然成為他鬥爭的對象，而不是維護和關心的對象。

這是來自他的世界觀和人生觀，也是他從小認定的存活方式，別人無從改變也難以更動。有拯救情結的人很容易被這樣的人吸引，一來可能是幼年生活中存在這樣的一個人物，覺得自己有義務去服務他，讓他滿意及喜歡，至少要讓他不要那麼常暴烈；二來則是拯救者可能將自己心中所想投射在對方身上，認為對方很可憐，沒有感知過愛和溫暖是什麼，才會那麼暴烈冷酷，而誤以為自己可以用愛與溫情感化對方，於是落入了這種人際關係的陷阱，成為不斷被攻擊和殘忍對待的對象。

對於這樣的人，我的建議是果斷遠離，因為以能量和氣勢來說，拯救者必然會成為暴力下的待宰羔羊。如果你真的無法遠離這樣的人，他一定會存在你生活周遭，那麼你至少在態度上和生活上都要保有個人界限，一旦你讓對方進入你的私人範圍，成為緊密互動的對象，那麼是不會有被好好對待、維護、關懷的一刻，那始終只是你的期待和幻想。

不懂創造和締造安全感的人，終究在他的世界只能孤立，無法與生命建立共好和平的友好夥伴關係。也許會有人短暫出現在他身邊，但很快的，不安、敵意和攻擊的行為，便會讓他人紛紛走避，而走不開的人就難免身心耗竭與損傷。

再者就是有毒關係，也是要當機立斷遠離或終止互動的情況。各種有毒關係中的情感操弄者，會用各種言語來支配和操控你，以下有幾種常見方式：

1. 貶低你：表達對你的各種否定和失望。
2. 羞辱你：誇大你的行為舉止的問題，再嘲諷、取笑你的存在價值。
3. 攻擊你：以強烈情緒暴力指控你、向你咆哮。
4. 威脅你：恐嚇會讓你身敗名裂、吃不完兜著走。
5. 虛情假意關懷你：其實是趁機告訴你太傻太笨，必須照他的指示去做。

6. 慫恿你：要你做出對自己不利的事情，唯恐天下不亂。

7. 煽動你：要你做出有違社會規範或基本道德的事，使你遊走在犯罪邊緣。

8. 指使你：以上對下的階層方式指使你，不讓你保有思考能力和選擇權。

9. 壓迫你：以各種名目或說法，讓你覺得自己不是一個獨立且受法治保障的個體，完全受他一個人管制。

10. 觸發你的恐懼或強烈情緒：主要是為了讓你懼怕和慌亂，更可以行使他的操弄和脅迫。

基本上，以上行為的操弄者，往往想享受操控人的權力和快感，同時在別人受苦和驚嚇中獲得優越感和得勝心。但無疑的，這種人格是扭曲的，生活中也不斷重演負面的人際關係型態。在他的本質裡，既無理性思考和解決問題的能力，同時在心智上偏向不成熟的霸道者、自私者，內心並無「關係共好」的概念，也不會是一個可以關懷社會和妥善照顧生命的人，其他人對他而言不是需要善待的生命，而是「工具」和獲取利益的「支配物」，不需在乎和重視。

若這樣的人格已經確立，此人慣用的伎倆、手法甚至認知思維方式，都會偏向在別人身上動腦筋，以消耗和利用別人來滿足自己的私欲和目的。遇到這類人格還是快速中斷關係、保持距離才是上策，想要在這樣毒性人物身邊保持身心健康，基本上是不可能的。若你執意要留在他身邊，等於你必須要認同他，接受他的支配和操弄，直到他找到下一個比你更有利益、更可操弄的犧牲者，或許他有可能把你踢開，這時可能才是你解脫的時候。但有非常多例子是等到可以解脫的時候，當事人往往已飽受精神折磨與虐待，身心耗損不堪，讓修復和療癒之路異常艱辛（見圖表12-2）。

在與人的接觸和相處上，我們都要培育理性和成熟的心智，才能具有辨識的能力，遠離有毒的人。這不僅是我們需要積極建立的心智能力，也是需要協助及教育下一代建立的人際關係識能，為自己選擇能相互正向支持及互助的好關係，這也才是健康社群的意義。

人生在世，雖然不盡如己意，總有事與願違的時候，但是帶有意識的思考自己生活裡，想要含括哪些人、哪些事，仍在自己可以選擇和決定的範圍。

當發覺生命的能量和能應付的人事物有限，你的抉擇將決定你的生活，是提早消耗，還是安穩前行？而那些剝奪和消耗你的人事物，不論是內在的運作模式或外在的環境，即使一時間無法改變或調整，但也要從自己的意念開始轉動，支持自己去思考，真正想要的人生是怎樣的景色。

請注意，意識能帶來移動，你所想的，將決定你的方向，然而若非是你從心底願意如此為自己選擇，即使你知道，還是會在行動上放棄自主的權利和力量（見圖表12-3）。

圖表 12-2　如何降低被情感操控的可能？

1. 清楚認識情感操控的知識
2. 辨識情感操控的行爲和意圖
3. 穩定自己的自尊和價值感
4. 啟動理性思考爲主要運作功能
5. 認知脫鉤、情感分化
6. 辨識制約：知道自己的存在不是爲了讓誰高興和滿意
7. 讓感性後退，以理性應對
8. 與關懷你的其他人訴說和討論此事
9. 自我安定及修復
10. 健康人際關係名錄管理

圖表 12-3　你需斷捨離的十項事情

1. 不健康的生活方式
2. 耗損你的關係
3. 利用、濫用你的人
4. 不健康的內疚感
5. 執著無法鬆動的框架
6. 把自己和別人比較
7. 不自覺的討好習慣
8. 習慣忽略自己
9. 無效的關係應對
10. 勉強自己的決定

允許你自己放手

13

培養正向轉化的內控力

在華人社會中，多數人都在充滿負面否定和貶低的環境下成長，一代複製一代，一個環境感染另一個環境，像病毒一樣不斷擴張、不停影響。因此，在我們的成長過程中，可能時常經歷被不停的責備、謾罵、挑剔，也會面臨到對方以權威者或高階者的角度，毫不客氣、不留餘地的以各種情緒性言語對你進行檢討，只因為你沒有照著他的想法，或沒有揣測正確他的意念和期待。

這種因為在上位就可以任意的對待和命令下屬，讓社會環境集體挫敗和耗損的情況，在東方社會或極權國家還是時常發生。這幾乎是從小就開始形塑及制約，大人不穩定的獎懲（完全視權力者的心情）、喜怒無常的情緒，讓年紀尚小的我們無所適從，不知道究竟為什麼會發生突如其來的吼罵及責打，許多人因此累積無能為力和習得無助的反應，像是受到極端驚嚇的小動物，膽怯而退縮，不斷受環境掌控，對自己不具信心，產生了認知上的挫敗感：「我對所有事情的結果都無能為力……」「我不知道做了之後結果會如何？也許會發生很可怕的事！」怎麼也建立不了對自己的自信、能力感和價值感，當然，更不可能關注到自己的成功經驗，累積對自己能力的正向評價。

然而，「相信自己有能力」是我們待人處事非常重要的內在力量，「不相信自己」只會感到對生活發生的情況無能為力，不覺得自己具有價值，不但會活得停滯而消耗，離成長性的生命越來越遠，恐怕還會造成生命力的萎縮。美國心理學家羅洛·梅（Rollo May）曾說：「當一個人無法感受到自我生命價值時，這是焦慮的開始。」

受損的自尊，所引發反芻的負面譴責、反噬的自我敵意、慣性自責和內疚，這些若能一一看穿，就能漸漸明白這是對自己最不良善的對待，更是極為漠視自己存在的「暴力複製」。除非你痛定思痛，承諾不再重複傷害自己、暴力對待自己，才有可能迎來「寧靜」。

那麼，究竟要如何調整和成長才有機會成為一個安穩的人？不會受環境侵擾，一點風吹草動即引動敏感神經，陷入恐慌及無助的情境？關於這一點，我們可以覺察及留心你的人格傾向，是樂觀多？還是悲觀多？若是時常覺得有不好的事會發生，這類人大致上較偏向悲觀，也可能不自覺的形成悲劇性人設，覺得發生在自己身上的只有壞事、倒楣的事、不幸的事。

研究顯示，樂觀的人比較能感覺到「命運操之在我」；悲觀的人，大多感覺「命運操之在外界」，也就是人是被環境所左右和控制的。

「命運操之在我」的人，其人格特質傾向「內控」或稱為「自控」。內控人，通常較專注在自己的能力累積，也較專注在自己設定目標的事務上，當然過程中不會都一帆風順，但因為一開始就把力量放在自己身上，也較有自信可以掌握情況。因此，就算遭遇不順或有突發狀況，也能立刻調控自己內在的部署和處理順序，重新評估和規劃，所謂「山不轉人轉」，相信自己是彈性而有能力的，也就能再調整想出因應的策略。

而較傾向悲觀的人，為何會悲觀呢？因為其最主要的認知信念是「我的命運由不得我」，這種多少帶有「習得無助」的習性，讓悲觀的人總覺得環境是他無能為力的，世界不僅常與他為敵，且他一點抵抗或拒絕的力量都沒有，只能承受和忍耐，一切都是情非得已、身不由己。如此下來，自然而然其人格特質也易於成為「外控傾向」的「外控人」。

外控人大多認定環境可以隨意左右他、操控他，但他卻對環境一點辦法也沒有，就像他這個人的遙控器是掌握在別人手上，別人可以讓他哭、讓他笑、讓他倒楣，也可以讓他完蛋。別人的一個動作、一句話、一個臉色、一個口氣，都足以決定是讓他順利過關，還是要讓他掉入萬劫不復的地獄。

你是內控人還是外控人？

內外控點（控制點理論）是心理學及人格心理學的一個概念，此概念最初由美國社會學習理論家朱利安・羅特（Julian Bernard Rotter）發展而來，是人格研究的一個領域。屬於內部控制點的人傾向相信他們可以控制自己的生活；而外部控制點的人，則意味著他們相信生活是受到他人及環境所控制，以及其他不能控制的因素，如機會、命運等影響。

在更早期個體心理學創建學者阿德勒，也曾談到類似的論點，關於一個人是否能決定自己的命運，他說過一句著名的話：「不是過去在定義你，而是你對自己的定義在定義你。」由此可知，如果一個人定義自己是出於自己來決定，而不是交給命運、際遇或早年環境，在個體的發展上，能更有力量賦予自己能力，使自己能夠決定，甚至改變過往際遇對自己的塑造和影響。因此，阿德勒始終認為「性格是可以改變的」，因為一切操之在己。

那麼，談到內外控點對人的影響，我們就可以多加思考，這種不同的控制點觀點（更多層面可說是一種人格特質）對我們的生活，究竟有多大層面的影響呢？

你可以反思、覺察一下，平日當你遇到任何情況，從天氣狀態、交通情況，到工作流程、人際相處……你會任憑環境怎麼變化、他人怎麼對待，而感到無奈及無力承受？還是不論周遭發生什麼變化，你都能回到自己的內在系統，思考自己要做什麼打算、什麼反應和什麼後續處理？

為什麼說內外控點後來會成為一種人格特質呢？因為這樣的塑造和影響，最早期來自於家庭和成長環境的教養方式和制約。如果你的父母或照顧者通常情緒沒來由的忽好忽壞、喜怒無常，規矩朝令夕改，而你被誇讚或懲罰也沒有一個準則，都是隨大人的情緒而定，那麼在這樣的情況下，身為孩子的你，弄不清楚情況，也沒有能力了解當中的緣由，你只能被動的承受，無論這個大人是高興的緊擁著你，又或是突然間變臉對你大加責罵和處罰。

當你幼年的環境必須面臨這種處境，你會在這樣的經驗中反覆累積「無能為力」和「無助」的感覺，無法學習到準則，也無法獲得平穩及安全的生活，漸漸的，這樣的認知思考和情緒經驗，也會融入你的性格養成，在日積月累下形成你人格運作的一部分。

如果你開始可以明白和了解早年環境對你的影響，而形成你對命運及遭遇的「習得無助感」，那麼，你是否有可能給自己一個機會，告訴自己：「這是早年環境對我的影響，讓我以為我對自己的命運無能為力；但如今我長大了、成年了，有許多學習的能力，也能明白很多道理和智慧，更有屬於自己生命的力量，我可以重頭開始，重新認知及相信我能掌握自己的人生、建構自己想要的生活，不再把決定權和選擇權交給其他人，也不再捨棄自我的主體和自主權。因為生而為人，我是我自己最重要的主人。」

這是我想要告訴你，讓你理解的。如果你能提高自我意識，對自己的制約和形塑有更高一層的覺察，那麼請自己反思一下，你想讓自己終其一生活在被他人和環境操控的處境嗎？任由他人任意對待，甚至不友善的對待，卻放棄自我權利和力量，捨棄捍衛自己的主權及界限，並且習慣討好和順服，只因為以為這樣可以在環境中安然度日？

事實上，當我們認定自己的安全必須操之在他人的情緒、喜好、評價及對待，苟延殘喘的應付時，我們是麻木的、壓抑的、卑微的和無感的，又怎麼可能體驗到生命的活力和喜悅呢？那麼，這樣的活著又是為了什麼呢？

人最重要的是活在自己的感官經驗中，體驗在世界上與他人及環境的互動和交流，產出和激盪出自己的體認和覺知，實現自我的潛能和生命價值。如果只能任由環境或他人的支配，棄守自我的主體性，在如此悲觀及被動下，人是不會真正活得有意義和充實的。

但是，即使我們成為一個內控人，但內控的情緒感知傾向（見圖表13-1）卻是負面的，深陷在內部負面情緒的漩渦中，並執著於自己的認知偏誤，自我扭曲且封閉內心，失去調節力和客觀認知能力的內控點，如此反而會造成自我歸咎、自責及自我傷害的傾向。

因此，不只是要有內控點，還要在內控的發展中建立自我調節和管控的能力，在合乎客觀現實運作的邏輯思考下，建立合乎情理且接近客觀事實的處理方式，相信自己有可以決定的範圍，也知道在屬於自己個人界限的範圍內，自己擁有自主權，擁有自己的想法、觀點、情感、意圖與決策的自由。

也就是不論外界或他人是什麼想法、做法，或有什麼樣

圖表 13-1　內外控與情緒感知傾向的交互作用

控制點 ＼ 情緒感知傾向	正向	負向
內部	由自己決定快樂和幸福自我調控	深陷在自己的負面感受和認知偏誤
外部	由外在環境帶動、影響及引導	受外在負面氣氛或負面互動影響和牽扯

的價值觀、評價方式，那只是他人的看法與觀點而已，「差異」和「不同」並不代表誰對誰錯，也不表示你應該要去聽從別人的，而壓抑和否定自己。

調節與轉化的心智力

我們需要從生活中體悟，這世界的每日運作雖有一成不變的地方，但也有各種複雜的變動與變化，外界環境的現象與狀況是由多樣因素、各種原因交互作用而成，從來不是由誰掌控一切，更不是照著我們腦內所幻想及認定的模樣而形成。

想要這世界符合自己主觀的期待或理想化的設定，是一種虛妄、不切實際的幻想。這世界在我們未來到之前，已然存在；在我們離去之後，它還是存在。我們既不是這世界的神，也不是這世界的主人，又怎麼會自我膨脹的認為單憑自己的期待和標準，這世界就應該順著我的意願、照著我的期待運作呢？這仍是一種未轉化的兒童心理狀態——自我中心所產生的狀態。

以主觀的角度，投射渴望與需求到外在世界，要外在世界負責滿足和提供，否則就是對我的迫害和傷害，這是停滯成長的兒童心理所呈現的未轉化成熟的受害者思考模式，無法理解與洞察這世界是多元共存，同時具有多樣生物的同在。真正能掌握的是屬於個體內在運作的部分，這是自己可以決定如何應對、詮釋、選擇及決策的空間，不需他人置喙。

能分別出自己的界限與外在世界的範圍，才不會時常混淆，把別人當成自己意志的延伸，又把自己當成是別人的複製品，混亂的分不清彼此的個體性和獨立性，如此就容易造成吞噬和占據，產生支配和控制，忽略需要理解這世界本來就是由差異構成的，而差異的存在才會產生「尊重」的意義。

當一個人建立了內控點，外界其實影響不了他太多，即使對他有影響，他也較傾向重視內在的感受和想法，覺得外界的看法或說法不及他內在怎麼認為重要，這是內控點的呈現。

然而若這個人無法進行內部的情緒調節，無法進行負面情緒或負面經驗的轉化，那麼他就會被自己負面想法和情緒困住，時時刻刻感受內在的痛苦，包括沮喪、挫折、憂慮、煩悶、灰心和失望等。

那麼，這樣的內控反而讓生命持續往下墜落，還變成了一種對負面感受的執著，被負面情緒綁架，失去彈性角度和觀點，無法進行內部調整和轉動。

這種心智能力的失靈，無法將負面的感受和經驗調節並轉化為生命的心得及再理解，也就無法再建構對這世界、對自身經驗、對外部和內部衝突和不一致的再認識、再理解、再選擇。

為了促進有益的內控，包括可以掌控內在的調節力、適應力、彈性，我們要練習轉動自己的思考角度和詮釋角度，不落入總是用同樣的反應、態度和說法來認定情況，並且要以恢復平靜、蓄存內在能量、尋求平衡安穩為內在目標，再進一步思索自己可以嘗試做哪些活動、行動、事物，讓自己朝這個目標邁進。

像是換位思考的練習，試著換個角度想想這個經驗的正面好處，或能讓你的生命有什麼領悟和學習。不僅藉此經驗讓我們「知道」，也藉著經歷讓我們「得到」和「學到」。

外控者一直關注外界怎麼讓自己失望、怎麼讓自己受苦，重複的認為自己是被環境及他人所害，這種思維模式將發生無法預計身心成本的能量消耗，屆時不但睡不好、吃不好，還會情緒不穩定、產生無法承擔的負荷，然後對外界爆發怨氣及不平。因為受害的感覺已經發生，自己無力做出心理調適和心情轉化。

如果是具有調節力和轉化力的內控者，就能知道外在環境有不可改變之處，外在的他人，不是活在我們的控制中，讓外在不可控的情況真的歸因於外在。基於不同的個體有著不同的系統運作，我們能做的是好好關照自己內在系統發生什麼情況？產生什麼過度壓力？又或是需要什麼樣的調整及協助？才能回到安穩的狀態，以平穩康健的能量繼續自己的目標和計畫。

適時及適當的調節與轉化，能減少無意識消耗自我的自動化反應，並更具意識的連結與關懷自己，透過偵察與評估內在處境，不再耗損太多身心預算，願意給自己受挫或受怕的內在啟動即時照護，以幫助自己校準內在是否維持在安穩及平衡的能量中。

校準自己的內在能量時，可每日進行，也可在某些情境下幫助自己迅速覺察，就像是身上有一台無形的掃描機，來回從自己的身體反應、心理反應和行為反應，連結及探索自己內在情緒狀態、人格面貌、情緒經驗，都需要你好好關注、發覺及整合。

你越能在內在調控、自我調節方面感受到自己的能力，那麼你受外界侵擾、支配和綁架控制的情況，也會隨著自我能力的賦能而漸漸減少。

14

重建保護因子

當我們還是孩童時，無法自控與調節情緒，特別是與環境互動時產生的挫折及不安感，因此很需要有一個穩定的大人，陪伴並引導我們學會調節，學習如何面對和因應環境發生的挑戰。這位大人，同時能表現出對我們的支持與接納，除了幫助我們理解情境、狀況，也能在不否定我們的態度下，相信我們可以學習、克服及面對，即使一開始沒辦法很順利，也不會打擊我們或施加強大的壓力斥責我們。

情緒過度反應的人，除了可能屬於高敏感族群（先天上的高情感敏銳者），有更大的可能是來自後天社會環境所造成的情感缺失，以致情緒調控機制損傷。這通常來自童年成長過程中，沒有被允許摸索、犯錯，並獲得足夠耐心的陪伴與協助，也沒有得到面對挑戰時的鼓勵和成功時的肯定，因此爾後在面對更多的人生挑戰及生活問題時，會產生極度的不安、威脅感、不自信和對自己的否定，也可能內心壓力太大而產生不滿和忿恨不平。

長久下來，我們的大腦與身體，都會處於緊繃、壓抑而不自知，一遇到問題和挑戰，第一時間都會傾向以負面情緒做反應，像是想逃避、想退縮或突然因壓力過大而向外發洩與攻擊，出現這樣的情況，就可得知我們的早期經驗累積的大多是不良的童年經驗。

因為內心的調節能力，自小受到過度嚴厲或過度冷漠的對待，無法從信任的重要他人關係中，獲得情感的陪伴和安全感的保障，以致於對不安和恐懼過於敏感，任何訊息都可能超出情緒負荷，成為一根壓垮內心的稻草，造成情緒超載向外宣洩和誇大性反應。

想要調整與改變我們的身心運作模式，特別是因應壓力的反應模式，並沒有那麼容易，但還是有機會成功改變，我們要做的不是懊惱自己為何很難改變，而是要透過刻意練習來強化改變的動機和實際行為。

若是你已經自覺內心沒來由的大起大落，或時常受環境訊息的干擾，無法自控和調節情緒反應，隨時想與人挑戰或隨時想退縮，那勢必對你的身心安穩造成不少影響，導致身心上的疼痛和疲倦。

這時，你需要重建自己的內在和外在「保護因子」，慢慢的辨識並降低危險刺激的來源。不論是人或事或物，如果過度解讀和接觸，不只不能減敏，反而會因為始終感受不到安全感，以及內心保護因子處於隨時崩塌的邊緣，造成身心較難修復。

建造內在安全堡壘

以內在來說，若你對自己的「不安全感」缺少關注和覺察，你可能會難以立即發現，缺乏安全感的狀態是如何影響你的身心和人際關係，以及如何影響生活和工作的發展。

安全感，是一個人能否活得安穩、安定的內在關鍵。在兒童時期，我們無法自建安全感，而是要由依戀關係中主要照顧者的存在和對待，從經驗中累積及獲取安全感的經驗，然後在我們的心智發展上，建立足夠的安全感，此為內在安全感的基礎，也就是「內在安全堡壘」。內在安全堡壘的形塑過程將影響及決定個體對自己的存在是否感到安心、安全和安穩。

隨著成長與生涯發展，人們會從內在安全感，漸漸發展並建構外在的安全感，也就是生存的條件。

內在的安全堡壘若破損、建造不良，那麼，一個人的狀態容易整日不安，影響人際關係、生活、工作，以及個人的生涯發展。內在有安全感的人，能在獨立和親密關係之間取得良好的平衡；反之，缺乏安全感的人，則會在獨立和親密的關係之間，感到焦慮、不安、慌張和糾葛，以致產生許多情緒消耗的情況。

美國著名心理學家馬斯洛（Abraham Harold Maslow）曾經對缺乏安全感的人總結出以下表現：

1. 容易感到被拒絕、排斥。
2. 經常感到受冷落或被歧視。
3. 經常感到被威脅，持續焦慮。
4. 對他人不信任，嫉妒心強。
5. 過於悲觀，一點小事都會對世界產生質疑。
6. 經常感到神經緊張和疲勞，並因此影響睡眠，常做惡夢。

7. 過於自責和敏感，把很多不是自己責任的錯誤都加在自己身上。

8. 普遍具有罪惡感和羞怯感。

以上的現象與特徵，不難發現皆是內耗型的人很常感到的情緒消耗，不論是感受到外在的敵意情緒而受到消耗，還是內部的不安全感引發的強烈自我消耗。

馬斯洛也從他的研究中提出，具有安全感的人會較常呈現以下幾種表現：

1. 常常感到被人欣賞和接納。

2. 歸屬感強。

3. 對他人和自己持信任、寬容等態度。

4. 性格外向、樂觀、開放。

5. 能夠客觀分析各種事，不會過度苛責自己。

6. 能夠客觀評價自己。

以上的表現也不難發現，皆是傾向與環境有正向連結，人的心態和心胸是開放的。人要有開放性，不用小心翼翼的戒慎恐懼，也不陷入恐慌和神經性焦慮，需要對自己的存在抱持正向體認和觀感，有自我認同與信任，同時相信自己具有處理情況的能力，也能獲得夥伴們的支援。

由於我們過往有太多從社會、文化、家庭、成長過程中累積的不良人際經驗，同時形塑許多對自己不良的觀感，也內化許多容易造成不安全感的認知偏誤及感覺，所以許多人都處於安全感嚴重損害的情況下，勉為其難的在這世界上掙扎、痛苦及拉扯，如此也更容易主動或被動的經歷到更多的情緒消耗。

一些精神分析研究者按照佛洛伊德精神分析的觀點，提出神經症症狀形成過程，是來自現實衝突所無法解決而產生的焦慮情緒，進而退行（退化）到幼年的某種行為中，以期得到某種安慰、平衡或補償。換句話說，在佛洛伊德的精神分析理論中，衝突、焦慮、防禦機制等，都是由個人幼年及成年階段某種欲望的控制與滿足方面缺乏安全感造成的，而通常這都與我們的人際關係和親密需求有關。

某些情況下，隨著我們成長，我們的不安全感也會越來越強烈，甚至因為出了社會，開始必須單獨負責家庭責任、工作責任、生涯發展的責任等，在過往安全感基礎不穩健的情況下，更會有種雪上加霜的感覺。

精神分析心理學家佛洛姆（Erich Fromm）的觀點值得我們觀察和思考。他認為隨著年齡的增長，兒童會變得越來越獨立，向外發展，與父母的聯繫也就會日益減少，這一生涯發展過程呈現的結果是，孩子的歸屬感和安全感可能在過程中喪失，因為他要單獨的面對社會、要對自己的行為負責任。

佛洛姆的觀點認為，現代社會因為在個人主義下，給人們極大的自由權利和空間，但正因為如此，個人自由的增加，使現代人與社會、與他人的聯繫日益減少；然而，由於個人的責任日益增大，要面對的人生問題及發展需要也越趨複雜，於是在缺少歸屬感和連結感的情況下，經常性的體驗到孤獨和不安全。

這一體驗的可能結果是，許多個體為了獲得內在渴求的歸屬感和安全感，以及化解內在的孤寂感和恐懼不安感，傾向把自己的權利和命運交給專制主義或集權組織，例如一些具有獨裁或操控性的團體，產生了「逃避自由」傾向。與其說逃避自由，我想是更接近對自由的恐懼及不安，因為個體的內在自我安穩度和成熟度，不足以承載這一份自由的重量和自律自控的責任。

精神病學家卡倫．荷妮認為，**兒童時期，人都有兩種基本需要：安全的需要和滿足的需要**。這兩種需要的滿足完全依賴於我們的父母或代理的主要照顧者，當父母或主要照顧者不能滿足兒童這兩個需要時，兒童就會產生基本焦慮。當父母對兒童做出了各種支配、冷漠、怪異、疏忽及具有敵意的對待等，正常的反應下，兒童因為受到傷害及痛苦，會對父母產生一種基本敵意。

但因為孩子自身仍是渺小和無助的，需要依賴父母，因此必須壓抑對父母的敵意和憤怒，這種壓抑將會導致兒童把對父母傷害自己的敵意，轉而投向整個世界和外在社會，使兒童無意識中認定自己在這世上所經歷和遭遇的任何事物，對他們來說都充滿著危險和威脅，也就導致不安全感的產生，並進而轉成基本焦慮的模式。

綜合上述，我們可以稍微統整一下缺乏安全感的綜合成因：

1. 嬰幼童時期缺乏一個穩定而溫和的主要照顧者連結情感。
2. 成長過程的情緒變化未受到足夠的關注及安撫，以致情感調節資源不足。
3. 未從早年的依戀關係裡，獲得即時而深刻的關係連結及安撫，所造成的關係依戀焦慮。
4. 幼年所經驗的情緒波動及打擊過於猛烈，時常處於不安中，又必須壓抑和否認，以致自主神經系統必須不斷激發恐懼和不安。

當然，就現實生活世界來說，確實存在可能的敵意和危險，例如恐怖攻擊、不良的工作環境、混亂的交通情況、天災人禍等；但因為我們有基本的社會制度、社會規範、社會安全網及社會公共衛生和公共秩序，因此不會時時刻刻都必須處於擔憂生命安全的情境中。

若是一個社會讓人民必須時刻擔憂和充滿恐懼，這樣的社會根本無法建設和發展，集體處於退縮及欲振乏力中。因此，我們不安全感的反應，需要先辨識：是現實的不安全感？是想像中的不安全感？是自主神經引發的情感衝動，或是情緒觸發造成的不安全感（過往心理陰影投射）？

提升辨識及反思力之後，才可能再練習修正一些過於快速的神經系統反應、慣性的自動化解讀與失真判斷，所帶來的極大不安全感。

掌握了自己神經系統不自動化反應後，再試著進行修正心智習慣的誇大和偏頗反應：

1. 學習不要誇大事情的嚴重度。

2. 停止內心戲劇性想像和編劇。
3. 澄清內心的認知偏誤——非理性思考。
4. 有意識的放鬆，減緩自己生理與心理的神經自動化反應，避免受情緒的支配。
5. 重新學習如何把自己照顧好的真義。

要想降低情境激發威脅感所產生的自動化緊張和焦慮，這就會關係到我們內在是否具有有效的情緒調節能力和方法。情緒調節即是能覺察自己情緒受到刺激，能在當下知覺到的時候，對自己的內部系統進行安撫或緩和情緒張力的行為，使我們不致於被情緒宰制，任由情緒張狂如暴風，把整個人席捲、淹滅。

話語深具力量

在情緒調節方面，為自己建立降緩神經過度緊繃的方法，一般來說有「緩慢深呼吸」、「平息規律呼吸」或「起身走動、伸展，鬆動閉鎖的肌肉群」，除此之外，練習重新建構和組織內在語言是非常重要的一環。

我們需要重新體認語言與個人反應之間的關聯。語言不是死的、固態的，而是說話的人所建構的，而建構的語句內容，在我們大腦神經迴路形成一系列的身心反應，也推動我們的行為動作。人與使用的語言之間是連動關係，也會產生因果關係。

粗暴的人，編織粗暴的語言；同理的人，編織同理的語言。一個人認知到什麼，就會依此來編織他所要說的話語；相反的，因為你相信自己是什麼，也就會反過來跟自己說什麼。

在你的內心世界，你是意識的起頭，也是承受者，所以，更要善用話語善待自己。讓你對自己說的話，具有安慰、同理與包容的效果，才能具有調節情緒與身心狀態的功能。

對於自己的意識缺乏掌握力的人，通常先脫口而出，而後才發現自己不該這麼說。在這種情況下，那些話語不是他前思後想過的表達，反而像是他的武器與某種無意識下的自動化表現。有一次我經過一個街角，看見了一群高年級的小學生，三男一女，其中那個女生每兩句話裡就夾著一句三個字的髒話，那髒話通常是男性在汙辱人的話語，尤其汙辱的對象多為女性。

但說這話的小女生恐怕是無知的，雖然她可能知道這是一句可以宣洩情緒的話，但對於話語真正的含意並不清楚。這句髒話也許在她的原生家庭環境時常出現，也可能是她所處的小團體常說的話，然而若她始終不了解話語所代表的意涵，那麼她就會不斷自動化的說出口，並且當成口頭禪與人互動，而她卻對自己說的話所帶動的影響，包括對她自己個人所產生的身心激發，一無所知、不甚了解。

不妨觀察看看，我們身邊的人都怎麼說話的？是常說那些能安穩彼此身心的話語？還是常說出那些會激發不安全感、激發彼此敵意和對立、激發各種威脅感和破壞感的話語？

若你想開始建立內在安撫和情緒調節的方式，透過話語來達到內在的陪伴和安定，那麼好好說話，說些能安撫內在不安及緊張的安慰話語、支持話語就至關重要。

有三個方向可以建構我們內在具調節性的語言，幫助我們放鬆身心的壓迫及威脅感，也讓我們獲得一些情緒舒緩的歷程，達到內心的安定、平靜。

1. 搜尋過往曾經有人對你說過，幫助你身心安穩或鬆一口氣的語句，把那些話語記住或寫下來，做為之後可以練習說給自己聽的調節話語。

2. 在生活周遭，注意其他人在調節自己壓力或情緒不安穩時，會使用什麼樣的語句，你覺得對你也有幫助的效果，把這些話語記錄下來，可以這樣說給自己聽，或告訴自己可以這樣想。

3. 往內在深處去感覺及連結，問問看自己，當自己感到慌張無助或情緒有所激發時，你最渴望旁邊有人跟你說什麼樣的話語，讓你安心或放鬆？把它記下來，並練習說給自己聽，體驗看看內心是否能收進這些話語（見圖表14-1）。

圖表 14-1　讓身心安穩的說話練習

重新打造內心的安全避風港非一兩日可成，尤其是當我們的內在安全堡壘尚處損壞、虛空的狀態。

然而我們的人生總有一刻會明白，要能承擔更多及更大的生命責任，需要先從自我安頓的能力開始，也就是任何處境、情境，你要能先自處，擁有懂得自我安穩的自處能力。

自處的能力，和學歷、成就、頭銜、社會位階無關，你一定也看過學歷高、位階高、輩分高的人，其情緒狀態也有無法克制、一發不可收拾、很難理性與客觀面對人事物的時候。

因此，這一份自處與安在的能力，是屬於內在心理素質，而不是來自外在物質與社會條件。內在能懂得支持自己、回應自己的人，有較多機會適時的調整自己、彈性應對環境變化。

自處及調節壓力的能力，多少與童年情感經驗息息相關，若是我們童年常受到負面的質疑，以及情緒性的暴力或肢體傷害，這都會影響我們面對威脅的壓力反應。情感和肢體上的受傷，不僅讓人壓力增加，同時削弱我們調節壓力的多樣處理能力。

由於情緒是被建構出來的，童年遭受過什麼樣的經驗，經歷到什麼樣的情緒感受，之後我們就會對於相似的情況和事件，立即性產生慣性「感知反應」。因此，「不安全感」也可說是一種習慣反應，而感受到「安全感」的時刻和經驗則被排除和刻意忽略。

這需要把注意力放在自己身上去感受與覺察，辨識看看你是否立即被「不安全感」所激發的情緒籠罩、覆蓋，無力招架所發生的情緒衝擊，無法處理和自控，並感覺要窒息或滅頂一樣的恐慌焦慮。透過自我覺知，才可能練習當下發覺自己如何被「內在不安全感」綁架、支配，無法和現實生活真實接觸、有效對應。

當我們遇到無力招架的情況，可以先試著告訴自己：「這個情況很糟，卻無損我的自尊與價值，我仍然有足夠的資源與能力去面對和處理。」

先有能力陪伴及協助自己面對外在訊息及干擾風波，再設下界限，拉出自己人身的安全空間與距離，之後學習處理內外在訊息，以及調節自己波動的情緒，不輕易讓自己腦內風暴，傷了自己，願意陪伴與等待自己度過那些情緒波動和起伏（可以用一些輔助的工具，例如用芳香精油的氣味調節呼吸），不批判，無條件的接納所遭遇的經驗。

在關注情緒感受時，我們要練習適度感受及覺察即可，不要膠著、沾黏，以致情緒像一團鋼絲，剪不斷理還亂。也不要像重複坐雲霄飛車一樣，一次又一次經驗情緒衝擊及繞來繞去。

情緒感受的偵測與覺察，好好的進行一次即可，重要的意義是幫助我們往內接觸、安撫、調節、組織與整合，以幫助我們往外發展適當的策略及方法，調動自己的情境與處境，讓行動保持自由，彈性移動及運作。

再用一個比喻來說，情緒如水，我們學游泳是希望在水池裡可以自由和彈性移動，這才是御水的能力。若你放棄調控和安撫情緒，等於你掉到水（情緒）裡時，只能被水席捲、吞沒、滅頂，這將不是面對情緒的適當態度和方式。

如果只是過度關注內在負向情緒，完全受負向情緒支配，只認同負向情緒牽動的負面認知，使我們產生「負面反芻認知」，就像是在大腦迷宮裡繞圈圈，或像掉入無底深淵，怎麼樣都無法看見一線曙光，這種把自己纏死的窮思竭慮，最後就真的無路可走。

練習做一個夠好的正向安撫者，當面對自己的情緒波動及變化時，積極正面的安撫及調節神經系統，耐心陪伴與等待情緒波動到平緩的時候，接著給予自己正向支持、安慰及情感上的肯定。

你可以分別就這兩部分的心智進行練習：

理智方面：以理解、辨識、發現、反思、推理，協助及引導自己釐清和核對客觀事實的發生和過程。

情感方面：以安撫、同理、關注、接納、擁抱，陪伴自己獲得價值感的肯定，與對自己進行情感上的支持。

無論如何，人在經驗各種生活的情緒壓力時，還是想要有一個「夠好」的內在自我，可以陪伴和支持自己，慢慢的度過人生種種歷練和體驗。因此我最後建議，如果我們希望生命能蓄積好的能量，去克服一時的挫折，或承認、接受所發生的失落，那麼在心智調節及處理的最終目標便是，我們都能回到相信自己：「這些外境所發生的困難與挫折，都無損我的自尊與生命價值，我仍知道我是誰，我仍保有對自我的認同和生命的接納，我仍能對我所能做到的事，付出我的意願與行動，並保有生命的品質。」

15

做自己心智的守護員

我們的大腦是整個人的行政大樓，管理人體的所有運作，就像是公司或組織，大腦若過度疲累、失去彈性、失去復原力，那麼生活各方面也會隨著受影響，更不用說有積極的效率、創意的活力、專注的行動力。因此，拖延、迴避、不想麻煩、不想費力、不想再動等情況都會一一出現。

關心自己的心理，要從關心自己的身體開始，因為心理的能量需要身體的體能和營養來支持，一旦身體累了，心智也會隨之耗能。過度使用身體（大腦與各器官）的人，要清晰思考和做出有原則的選擇，都會成為難事。

每日奔波、每日趕行程、每日加班、每日熬夜、每日做不完的事物、每日都有瑣碎的事情……日復一日，本身就是一種消耗，根本沒有滋補身心、修復身心的時間和規劃。長此以往更可能失去好的睡眠品質，造成錯亂及壓縮的生活作息，讓身心體力、腦力和心力節節敗退，無法恢復能力。然後，越累就越會做錯決定，也越容易過度解讀和過度反應訊息，無法給予自己時間和空間，讓自己能夠慢下來，確實感知覺察。

這時，若能察覺自己身體累了、耗竭了，就需要有退場機制、離線模式，離開到一個能讓自己沉澱心情、放鬆身體的地方，給自己一處無人打擾的寧靜時刻，讓一切都暫停下來。

暫停不需要很久，但要能真正的按下暫停鍵，什麼都不做、什麼都不想，放空靜止五到十分鐘，或一小時，或一天。身心運作暫停，就像是暫時關閉與外界接觸，暫停訊息再進入，這是預防因超載造成情緒崩潰和無限耗損的重要機制。

當能真實的去感覺，慢慢練習，一次又一次的體會「暫停」、「休息」、「靜心」的回饋時，你的內在會熟悉這種安穩平靜，得到對自己最佳的關照。這也是我們與自己和好，恢復內心平衡的過程。

關心自己的身心能量

不要把情緒當「問題」在解決，而是把情緒當一個過去沒有被保護、照顧、愛護、尊重的童年我（內在小孩），重新恢復關係，認養回來。從我們自己本身培養出能力和智慧，往內修復和養育自己，讓我們心中開始經驗有別於以往的好感受、好能量，像是愛、關懷、溫暖、肯定及接納。

當身心的好能量不足或匱乏，便容易引發不安全和不穩定感，這將會連帶影響身體所承受的壓力，造成身體沉重和疼痛，同時讓我們的記憶力、思考力、辨識力和客觀分析力都一起下降。

如此，影響的不只是我們個體，也會影響人際關係和環境互動的品質及感受。負面情緒容易勾動更多負面情緒，當負面情緒使我們的身心都過度承受而耗竭時，我們可能變得麻木、無感、失去動力，再也快樂不起來。負面的自我評價也會激發更激烈的負面情緒，而讓人深陷在情緒的漩渦中，被席捲、覆蓋，這時離疾病的距離就不遠了。

所以，我們不能對情緒置之不理，複製過往那些不被理解的對待方式，對自己苛刻要求，而難以發自內心關愛自己、柔軟安撫自己。若不能痛定思痛的理解持續漠視和苛刻是多麼損耗，那麼你所對自己進行的關照和修復，都會因此徒勞無功。

在自我維護和關心上，需要切實體認到自己不是萬能的，不僅沒有十項全能，還有自己的限制和弱勢之處存在。由於時間、體力和心力都是有限的，不是源源不絕的能源，因此更要知道如何取捨適合自己進行和嘗試的取向，找到對於事物本身或對自己都能相得益彰、同時獲益的好方法。

不要想壓榨自己以獲得外界的認同與獎賞，就像我們童年時，被壓榨必須應付許多課業和才藝，或要不停的應付各個大人的要求，這也使得我們提早耗竭，許多學子還沒進入社會創造屬於自己的人生，就已呈現過度疲累、消耗殆盡的狀態，什麼都不想做了，哀號著求饒說：「我好累，我再也不想努力了。」

做自己明智的保護者及照顧者，要把身心能量的概念放入，為自己評估什麼是自己真心想做的、想學習的、想嘗試的、想挑戰的。懂得自己的價值觀，才能依照自己的價值選擇，好好的運用自己本身的各項資源，朝著自己想成為的樣子去自我實現；而不是把時間、體力和心力都放在那些以為要照著別人的期待、以為不要輸給別人、以為落後了就會被淘汰的事物上，那些盡是為了其他人的期待和認可，費盡身心資本也得不償失的損耗。

回到臨機應變的彈性思考

基於生存焦慮及存在不安全感的自動化反應，我們前幾章說明了很多，但在實際做法上，還是需要有意識的帶動自己重新思考、評估與選擇。

你可以在自己的大腦裡想像放置了三個籃子，這三個籃子是你內部的處理系統，也等同是三個處理步驟：

籃子一（步驟一）：先後順序排列。分辨在自己的感知中，這個事件或任務的輕重（重要與不重要）、緩急（緊急與不緊急），在四個象限裡，觀察及分辨自己會把這個事項或任務放在哪一區？（見圖表15-1）

籃子二（步驟二）：進行取捨（依照價值觀、重要程度與緊急程度）。當你分出重要和緊急程度後，你可以注意到重要程度和緊急程度的分別，進一步做認知思考上的評估及抉擇。

籃子三（步驟三）：拒絕、刪除、卸下（斷捨離）。對於那些不重要也不緊急的事項與任務，盡可能去除、刪除或卸下，進行斷捨離的處理，如此才不會留存許多待辦事項，或因為積累而造成後續承載的負擔。

對於現代的生活，需要具有「山不轉人轉，人不轉心轉」的能力，才能幫助我們有一個靈活待人處事的系統，彈性應對、臨機應變。

試著回想，當你遇到困難或挫折時，花了多久的時間陷落在消耗情緒能量的循環中？又花了多久的時間和力氣，才苟延殘喘的從情緒坑洞裡爬出來？這些都顯示我們的心智可能缺少了彈性，失去靈敏力去適應改變或意料之外的情況，同時大腦因為過度挫折而導致僵化、動彈不得。

圖表 15-1　四象限評估優先順序

重要、緊要的人事物	不重要、緊要的人事物
・優先處理 ・身心資本及資源的規劃	・評估需安插進行處理的原因 ・設定處理的時間和責任範圍
重要、不緊要的人事物	**不重要也不緊要的人事物**
・待辦、規劃時間處理 ・進行時間管理，妥善安排流程及步驟	・進行斷捨離流程 ・拒絕、刪除、卸下

一旦和我們預期的不一樣或期待落空，便可能被自身引發的失落及失望情緒攻擊，難以脫逃。也會勾起強烈的負面認知，將他人和自己都批判得體無完膚，認定眼前情況是死局，導致無力感襲來。

認知失去彈性思考，也失去客觀認知能力，時常被情緒淹沒和侵擾，甚至無法化解，認真說來也可能是一種認知功能退化，或心智受損的狀況，這方面的身心健康評估也需要多加關心。

越來越僵化和固定的思維、千篇一律的情緒風暴，都可能讓我們對環境和事物的變化，越來越失去調適力和應變力，覺得越來越無助無力，也因此造成社會環境適應困難、壓力激增的處境。

為了促進心智健康，多進行些心智靈敏力的訓練是重要的，這也是我們增強生命韌性的一種鍛鍊。

以下幾種嘗試的方法，可以鬆動僵化的認知，以有彈性的思維和情感，引導自己調適內部狀態：

1. 暫停情緒翻攪，不再讓情緒無意識的擴張、起伏。

2. 換一個和本來不同的角度，提出觀察。
3. 想幾個和原來解讀不一樣的看法。
4. 拉出自己和事件或情況的距離，讓事情是事情、問題是問題，自己是面對問題及解決問題的關係人，然後思考還有什麼可行的解決方法或對應方法，以及可能需要尋求協助的資源。

若能做到以上四點，可以轉換角度、轉換心情、轉換做法，就代表你是一個有彈性和應變力的人，也表示你可以自控你內在狀態，這是一個很好的現象。

多些彈性，才能不為難自己，僵化的認知和看法，會限制人的行動應變力，想真正動起來，就要從內在的轉動開始。

某些更深層的卡關和阻礙，來自核心的信念，當你的核心信念是僵化的框架，就會影響你的自由度和靈敏力，限制你看待及詮釋人事物的觀點。所以你可以更深的覺察及思索：

步驟一：覺察哪些認知信念框架阻礙你。例如；不努力就是懶惰、放輕鬆是罪惡。

步驟二：進行人生腳本辨識與修正，讓它合乎現在生活的運作。

步驟三：重新框架、建立新信念意義、滋長彈性靈活應對力。

要以理性來理解和懂自己的心思意念，並好好善用及管理自己內在的各部分機能和作業方法，對我們來說並不容易，因為長久以來我們在知能和技術面都較缺少訓練。畢竟情緒性運作才是與生俱來的本能，而理性思考能力的發展，是要靠後天不斷建設、學習和練習才能見成效，更遑論有時環境根本缺乏相關的素養培育資源，只見更多的情緒對應情緒，以本能的方式對抗或迴避的反應。

然而，探索自己，不可能不經歷意識的覺察和辨識，也不可能不充分的觀察和發現自己，因此若排除文明思維的參與，人也只是成為被自己情緒支配和綁架的人質。當自我能一步一步走向明智狀態，好好的成為自我的領導中心，有意義的引導自己建立生活秩序及心智運作，此時的自我是具有力量的，能支持自己好好生活的目標就指日可待了，內心的建設不會動不動就被外界氛圍及風氣快速牽動和操弄，能真實成為自主個體，真正做自己的主人。

你就像是自己的CEO，是內部的領導者，最大的虧損是散亂失序的耗損，像是不停在割地賠款。但也不是要只以利潤和報酬來評量自己的付出，我們之所以為人，最核心的需求仍是情感關係的連結與彼此愛護，這才是每個人內在最大的守護力量。

做一個安心、安在的個體，其訣竅在於對關照自己身心能量已有一番體悟，不僅照顧關懷自己的情感需求，並能在充分了解自己的處境下，為自己尋求所需的應對資源及社會支持，相信自己值得過好生活，也值得擁有健康生命的權利，這其實就是最好的「愛自己」的實踐。

結語

用生命經驗值得的人事物

我們會將人生的能量與資源用去哪裡呢？我們所做的有意識或無意識的選擇，都在顯示我們內在的思維和情感品質。

當你的行為是讓自己的生活景況與各項資源越來越混亂、失序，且要耗盡力氣才能勉強度日，那恐怕生活中正有一個巨大窟窿吸進你的元氣、耗損你的能量。

這個窟窿可能是一個有龐大情感需求的對象，要你不斷付出關注、不停提供安撫或協助；可能是你自己的某個信念，把自己強逼到不可喘息的境地，也不放過自己；可能是你的一個理想或夢想，但遲遲無法精準的了解其中的原理，以及釐清成本支出的管控；甚至是你的某些生活方式、消費習慣、人際關係模式（例如總是以服務別人到盡善盡美為己任）、判斷事情的角度，讓你的身心能量每況愈下，感到力不從心，越來越吃力不討好。

我們本身的存在不是問題，沒有人及生物的存在是有問題的，然而我們的思維和情感模式卻可能因為無知、偏執、逃避事實、過度主觀，而出現不少人生的問題。

然而，那些都是屬於可以修正的部分，也是可以調整、改變的地方，這正是成長的意義。透過學習、成長，讓我們更趨成熟，我們對人事物的觀點、態度、行為、抉擇等，也都能因為學習而有所領悟，發生自發性的改變和轉化。

這本書的誕生，並不是要展現什麼神奇的魔力，而是希望能陪伴想要好好洞悉自己人生、學習照顧好自己的人，走上一段修復之路，途中能少一點顛簸，多一些路標指引。

人生的路其實並沒有正確的方向、正確的走法，而是要看每個人對自己的人生究竟抱著什麼樣的心思意念？又想在僅一回合的人生，最終看見自己以何種情景謝幕？在人生這一段說長不長說短不短的歷程中，你又想留住什麼體驗？留住什麼故事？留住什麼情感經驗、情緒感受？這些是屬於每個人的界限範圍，只能由個人去琢磨、創造與實現。

對我來說，我現在更願意選擇多去體驗生命的美好及幸福時刻，即使只是剎那也值得經歷；我也選擇去歷練安在自我、完整接納自己的人生課題，然後保留好的體力和身心能量給覺得最重要的人事物。

經歷了各種擴展與嘗試，我的人生如今走到體驗收斂的智慧，允許自己去過一個簡單的生活。雖然生命走向黃昏是不變的事實，但途中反而擁有更多珍惜及感謝的領會；就算身體走向衰老，但心中卻如鍊金術士淬鍊出此生不滅的寶藏（生命價值），如今的我，很是滿足。

也祝願你，能收到這一份生命的禮物。當你想守護自己、想珍愛生命、想連結相互滋養的有益關係時，都能擁有信心及力量，依照你誠心所求，成真、實現。

擺脫情緒消耗
不再被負能量控制，找回身心安在力量

作者｜蘇絢慧
責任編輯｜謝采芳、袁毓和（特約）
封面設計｜蕭華
內頁設計與排版｜賴姵伶
行銷企劃｜溫詩潔

天下雜誌群創辦人｜殷允芃
董事長兼執行長｜何琦瑜
媒體暨產品事業群
總經理｜游玉雪
副總經理｜林彥傑
總監｜李佩芬
行銷總監｜林育菁
版權主任｜何晨瑋、黃微真

出版者｜親子天下股份有限公司
地址｜台北市 104 建國北路一段 96 號 4 樓
電話｜ (02)2509-2800　傳真｜ (02)2509-2462
網址｜ www.parenting.com.tw
讀者服務專線｜ (02)2662-0332　週一～週五
09:00~17:30
讀者服務傳真｜ (02)2662-6048
客服信箱｜ parenting@cw.com.tw

法律顧問｜台英國際商務法律事務所 · 羅明通律師
製版印刷｜中原造像股份有限公司
總經銷｜大和圖書有限公司　電話｜ (02)8990-2588

出版日期｜ 2024 年 1 月第一版第一次印行
2024 年 1 月第一版第二次印行
定價｜ 450 元
書號｜ BKELL012P
ISBN ｜ 978-626-305-667-1 (平裝)

國家圖書館出版品預行編目 (CIP) 資料
擺脫情緒消耗 : 不再被負能量控制 , 找回身心安在力量 / 蘇絢慧著 . -- 第一版 . -- 臺北市 : 親子天下股份有限公司 , 2024.01
272 面 ; 1.7 公分 . -- (輕心靈 ; 12)
ISBN 978-626-305-667-1(平裝)

1.CST: 情緒管理 2.CST: 修身

176.52　　112021085